Raimundo Bezerra Falcão

DIREITO ECONÔMICO
(Teoria Fundamental)

DIREITO ECONÔMICO
(Teoria Fundamental)
© RAIMUNDO BEZERRA FALCÃO

ISBN 978-85-392-0182-2

Direitos reservados desta edição por
MALHEIROS EDITORES LTDA.
Rua Paes de Araújo, 29, conjunto 171
CEP 04531-940 — São Paulo — SP
Tel.: (0xx11) 3078-7205 Fax: (0xx11) 3168-5495
URL: www.malheiroseditores.com.br
e-mail: malheiroseditores@terra.com.br

Composição
PC Editorial Ltda.

Capa:
Criação: Vânia Lúcia Amato
Arte: PC Editorial Ltda.

Impresso no Brasil
Printed in Brazil
03-2013

*Para Maria de Fátima,
Caio Valério,
Carla Valéria,
Carina
e a netinha Olívia.*

SUMÁRIO

APRESENTAÇÃO 7

Capítulo I – CONCEITO DE DIREITO ECONÔMICO

   1. O Direito 9
   2. O Direito Econômico 15

Capítulo II – A TESE LIBERALISTA NA ECONOMIA

   1. Uma lenta aproximação anterior 18
   2. A tese liberalista econômica propriamente dita 25

Capítulo III – A ANTÍTESE SOCIALISTA NA ECONOMIA

   1. Antecedentes doutrinários 41
   2. O socialismo utópico 42
   3. O socialismo científico ou marxista 51
   4. O socialismo pós-marxista 59

Capítulo IV – A SÍNTESE INTERVENCIONISTA

   1. As trilhas do marginalismo e da economia do bem-estar 61
   2. O intervencionismo 65

Capítulo V – A SEMEADURA DA TEORIA POLÍTICA E SEUS FRUTOS

   1. Primórdios 71
   2. A posição do cristianismo 74
   3. Em tempos menos ancestrais 76
   4. Contribuição do liberalismo político 77

5. Dois marcos do autoritarismo 86

Capítulo VI – **INSTITUIÇÕES DE DIREITO ECONÔMICO**

1. Conceito de desenvolvimento 90
2. Intervenção no domínio econômico 102
3. Capacidade normativa de conjuntura 114
4. O princípio da propriedade como função social 116
5. A extrafiscalidade 139
6. Natureza e estrutura da norma de Direito Econômico 144

REFERÊNCIAS BIBLIOGRÁFICAS 153

APRESENTAÇÃO

Não podemos ingressar no corpo do presente trabalho sem, antes, tecermos algumas considerações acerca do conteúdo que desejamos embutir nele. Assim, queremos oferecer, de logo, uma visão de como pretendemos estruturá-lo e de como objetivamos desenvolvê-lo, cumprindo, aliás, um objetivo que nos acompanha desde quando escrevemos nosso livro *Tributação e Mudança Social* (1981), mas que, por circunstâncias diversas, não teve como ser levado a efeito há mais tempo.

Na verdade, nosso objetivo, agora, é ampliar a visão acolhida pelo Direito Econômico, o qual vê a questão relativa à intervenção ordenadora da economia de uma forma bem mais larga. Dessa maneira, e sem prejuízo do contido no supracitado livro, o que será tratado neste não é uma simples teoria da extrafiscalidade, mas a tentativa de elaborar uma teoria fundamental do Direito Econômico no seu todo.

Começamos buscando desenhar o conceito de Direito Econômico, providência cujo alcance exigirá, é claro, prévia conceituação do que é Direito. Isso será objeto do Capítulo I.

Em seguida, intentaremos traçar, acolhendo sempre uma orientação dialética – não radicalmente hegeliana, porém uma dialética da complementaridade – o bosquejo da teorização que, ao longo do tempo, produziu-se em torno do que viria a desaguar na inafastabilidade do surgimento de um novo ramo do Direito, que pudesse equilibrar, sob o pálio das normas respectivas, a vida econômica.

Contribui o Direito Econômico, assim, para o bem-estar da coletividade e, sobretudo, enseja a existência de relações econômicas propiciadoras de um maior e melhor grau de justiça entre os seres humanos, no que diz respeito à distribuição da riqueza e no que concerne aos meios de subsistência. Essa parcela do nosso trabalho constará do Capítulo II, o qual não terá como abrir mão da tese liberalista, provocadora da antítese socialista.

Por isso, as posições socialistas serão apresentadas no Capítulo III, conforme já dissemos, em moldes de antítese.

Ambas, tese e antítese, constituíram-se em geradoras da síntese voltada à ordenação macroeconômica, a qual é devida principalmente – porém não exclusivamente – à teoria intervencionista. Tal síntese será o conteúdo do Capítulo IV.

No Capítulo V, veremos até que ponto a teoria política se imiscuiu nos debates advindos da realidade que a economia punha diante dos olhos do Estado, forçando-o a fazer-se presente, fosse com mais autoritarismo, fosse com mais liberalidade, de modo que, enfim, desembocasse na doutrina democrática atual, hábil a proporcionar, ao ser humano, amplas oportunidades de realização, em sua dignidade intrínseca.

Ora, as preocupações jusfilosóficas, que já repontam no bojo de todos os antecedentes capítulos, adquirem feições específicas no âmbito do Direito, e forcejam no sentido de que rebentem ideias novas, capazes de se compatibilizarem às exigências de uma nova tessitura jurídica, a qual vem deitando consequências cada vez mais fortes sobre quase tudo quanto se havia construído, em épocas passadas, no tocante à interação da juridicidade com a economia. Em decorrência, faz-se necessário um Capítulo VI, onde se agasalhe aquilo que de mais vivificador possa ser encontrado com vistas às demandas nascidas nas modernas circunstâncias a que, por isso, se acha submetido o Direito, inclusive no que se reporta a aspectos como a inclusão das normas de Direito Econômico nos traços caracterizadores da norma jurídica.

Apresentado, desse modo, o delineamento daquilo que buscaremos escrever neste trabalho, passemos a seu desenvolvimento.

R. B. F.

Capítulo I
CONCEITO DE DIREITO ECONÔMICO

1. O Direito. 2. O Direito Econômico.

1. O Direito

A conceituação de Direito Econômico, consoante já afirmado na *Apresentação* deste livro, obriga-nos, por uma questão de bom método, a partir do conceito de Direito, na acepção de ordenamento. Para tanto, iremos operacionalizar o conceito parte a parte.

O Direito é, antes de tudo e para iniciar, *a coordenação objetiva das condutas possíveis...*

Coordenação, porque não há relação jurídica de subordinação. Toda e qualquer relação jurídica é relação de coordenação. Nunca, de subordinação. Isso significa dizer que não existe uma só relação jurídica que gere direito, ou direitos, para somente uma parte, ou para somente algumas das partes. Disso resultaria que a outra parte – ou as outras partes – da relação ficaria, ou ficariam, apenas com obrigação, ou obrigações. Tal é impossível de acontecer, ainda quando se nos assemelhe factível de ocorrer.

Suponhamos a relação jurídica envolvendo credor e devedor. Numa visão aligeirada, alguém poderia pensar que o credor teria o direito de receber o que lhe fosse devido, e o devedor teria unicamente a obrigação a pagar. Não é assim. O próprio direito de o credor receber faz surgir sua obrigação de receber, se nas estritas condições avençadas entre ambos. Tanto isso é verdade que, se o credor negar-se a receber, nas condições pactuadas, o que lhe é devido, o devedor pode bater às portas do Estado, pela via do Poder Judiciário, com o fito de forçá-lo a aceitar o pagamento, mesmo que este fique depositado em consignação até quando o credor for pegá-lo. Suscitemos outro exemplo. Uma pessoa mata outra e, em consequência, é condenada a algum tempo de pena prisional. Aqui, quem for menos avisado, em ciência jurídica, pode acreditar no fato de o apenado somente ter a obrigação de cumprir a pena que lhe foi cominada; enquanto que ao Estado, em nome da sociedade, restaria exclusivamente o direito de exigir o cumprimento da pena. O equívoco, neste exemplo – ou em qualquer outro –, também seria indiscutível. O condenado tem o direito de cumprir a pena nos termos exatos em que exarada, além de ser tratado, por força da apenação, com dignidade, direito de ser corretamente alimentado a expensas estatais e assim por diante. O Estado, por seu turno, em nome da sociedade, também é sujeito ao cumprimento das obrigações que se lhe impõem *ex vi* de tudo quanto aqui mencionado.

Objetiva, porquanto o Direito coordena as condutas de fora para dentro. Independentemente, pois, do que o transgressor de suas normas possa sentir, em função do que praticou. O transgressor pode entender que nada fez de errado. Pode achar que é a mais correta das pessoas e que agiu da maneira mais adequada possível. Porém o Direito lhe é objetivo. É algo que há de operar num contexto de sociabilidade. Ou, como também se poderia afirmar, de multilateralidade, porque muitas vezes a relação jurídica abrange uma triangulação, uma tetra-angulação etc. de sujeitos envolvidos, porém cada um com interesse que lhe é próprio, individual e, com frequência, intransferível. Diferentemente da Moral, seu poder sancionador emerge do seio da sociedade, e não se subjuga, como acontece com aquela, ao acicate da consciência, ao beliscão da interioridade. Não depende do remorso. Não se vincula ao tribunal da consciência moral. Pode até verificar-se a hipótese de alguém agir de tal forma que se faça corroer pelo remorso, ao mesmo tempo em que recebe a sanção decorrente do descumprimento da norma jurídica. Mas, aí, as coisas não se confundem. É que ocorreram, ao mesmo tempo, os dois sancionamentos: o do Direito e o da Moral. Mas, se o Direito foi desrespeitado, só a mordida da consciência não basta. E, aqui, reside uma das mais largas razões para a eficácia do Direito, uma vez que os seres humanos em cujo interior já se acumulam todas as máculas da imoralidade tendem a não mais sentirem o mordimento da consciência moral.

O caráter objetivo do Direito é, pois, uma garantia insubstituível para a ordem social, para a paz entre os seres humanos e para a preservação da natureza, embora esta, se visualizada apenas sob o prisma da ausência de racionalidade, não possa ser entendida como sujeito de direitos, segundo demonstraremos um pouco mais adiante.

Das condutas possíveis, de uma feita que o Direito se dirige ao ser humano, e unicamente o ser humano.

Para melhor esclarecermos isso, convém primeiramente fazermos a distinção entre comportamento e conduta. Todo animal, racional ou irracional, se comporta. Todavia, para que haja conduta, é indispensável que o comportamento seja consciente, isto é, quando o ser se comporta e sabe que está comportando-se. Não é suficiente comportar-se. Há de ter consciência disso. Só o funcionamento dos sentidos não basta. É preciso ter a percepção consciente. Um leopardo, um tigre, um cão ou um gato, exemplificando, têm sentidos muito mais aguçados do que os do ser humano. Entretanto, eles não se conduzem. Apenas se comportam, eis que não dispõem de consciência do que estão fazendo. O determinismo da natureza é que, instintivamente, guia-os, na forma como posto pelo Criador. Jamais construíram, nem construirão, civilizações. E não o fizeram, e tampouco o farão, dado que não se lhes pode aplicar a assertiva de que têm conhecimento, ou seja, como diria Kant, não se acham apetrechados daquilo que poderíamos denominar a capacidade de se aperceberem, conscientemente, da realidade do objeto cognoscível. É que não são sujeitos cognoscentes, e essa circunstância impede-os de penetrarem na dimensão relacional que se faz despontar enquanto o objeto circula em torno do sujeito, o qual é o centro do círculo cognoscitivo.

Assim sendo, podemos asseverar que toda conduta é um comportamento, mas nem todo comportamento é uma conduta, porquanto há comportamentos não conscientes do comportar-se, do como comportar--se, e do para o que comportar-se.

Poderíamos indagar a esta altura: então os animais irracionais, além de inimputáveis, são também destituídos de direitos? A resposta seria seguramente afirmativa. Na realidade, ao ser proibida pelo Direito, *verbi gratia*, a caça ou a pesca de determinados animais, não é pelo fato de que eles tenham o direito de não serem caçados ou pescados, mas porque, se o forem, podem levar ao desequilíbrio ecológico, provocando a ruína do ambiente natural, a quebra da cadeia alimentar de outras espécies, ou outras consequências danosas, tudo isso implicando a derrocada da natureza, do que surtiriam efeitos desastrosos para o ser humano ou, num raciocínio mais radical, para a própria viabilidade da vida humana. O direito, portanto, é do ser humano. Não do animal. E a mesma coisa pode ser dita com relação aos vegetais.

E como o Direito dá o rumo para que se possa saber que a conduta é possível? Aqui entra a importância do subcampo da licitude. Na verdade, o campo da juridicidade abarca três subcampos: a) o da *normatividade*, que corresponde ao que está acorde com a norma jurídica; b) o da *antinormatividade*, ou seja, quando a conduta desborda dos limites daquilo contido na norma jurídica; e, por fim, c) o da *licitude*, quando a conduta não está proibida nem claramente permitida pela norma jurídica, caso em que se presume ser permitida. O subcampo da licitude é o mais amplo, por serem incontáveis as condutas que se podem adotar e que não se encontram previstas, para proibi-las ou para permiti-las, nas normas do Direito. Nesse sentido, podemos observar, nas Constituições modernas conhecidas, a asserção de que ninguém está obrigado a fazer ou deixar de fazer algo senão em virtude de lei – aliás, seria melhor que dissessem *em virtude de norma jurídica*, embora entendamos isso como uma homenagem ao princípio da legalidade, entronizado pelo Liberalismo, do qual cuidaremos adiante.

O subcampo da licitude tem uma razão de ser que nos parece óbvia: não seria possível ao Direito prever todas as condutas proibidas ou permitidas, a ponto de o fazer em termos explícitos. São bilhões as condutas humanas possíveis, desde as mais simples e elementares, como a escolha de uma roupa para vestir ou o tipo de caneta que se vai usar e como usá-la, até aquelas decisões mais importantes e excelsas da vida de cada um, a exemplo da decisão de se dedicar à vida pública, tentando conquistar postos eletivos, ou ficar na quietude da vida privada; decidir alguém se pretende casar-se ou se fica celibatário etc. Então, o Direito tem de contentar-se em descrever o que é normativo – ou antinormativo –, lançando o mais ao subcampo da licitude.

Mas, continuemos caminhando pelos meandros do conceito de Direito, com o intuito de embutir esta nossa linha argumentativa numa quadratura que justifique o conceito dado por Del Vecchio, conforme o estamparemos ainda neste tópico. E, assim, prosseguindo no esforço de elaborar as colunas de sustentação do ensinamento delvecchiano, acrescentamos, à parte já analisada, mais um fragmento conceitual, o que nos ensejará, acoplando o que vai ser explicado agora ao que já foi esclarecido, chegarmos ao passo seguinte, advertindo que a nova parcela é a que colocaremos em *itálico*. Assim, o Direito é a coordenação objetiva das condutas possíveis *entre duas ou mais pessoas*...

Aqui, desponta o problema da bilateralidade, ou da multilateralidade, do Direito, conduzindo-nos a laborar, em termos complementares e mais acurados, na distinção entre Moral e Direito.

Aquela atua nas profundezas da consciência individual. Este opera na relação entre pessoas, podendo ser apenas duas pessoas, ou mais de duas. Nos mais íntimos escrínios do indivíduo humano é que se guardam as joias cuja finalidade é aureolar a conduta. Contudo, muitas vezes elas ali não mais se encontram. Pelo contrário, perderam-se, consoante já mostramos acima, na empedernida repetição de erros e crimes praticados pela pessoa. É que, segundo assinala Arnaldo Vasconcelos, tem-se, na área da Moral, um ter-que-ser-para-si, enquanto na do Direito se nos defronta um ter-que-ser-para-outrem. E aí é que penetra, por evidente necessidade, a atuação do Direito. E esse "outrem" é a bilateralidade – ou a multilateralidade, dizemos nós – do operar jurídico. Com efeito, se houvesse um único ser humano sobre a face da Terra, ou mais ainda, no todo do universo, desnecessário seria o Direito, uma vez que a conduta desse isolado ser humano não teria como entrar em conflito com a conduta de outrem, de ninguém. Ser-lhe-ia possível, por conseguinte, fazer o que bem lhe aprouvesse, porquanto não haveria a quem prejudicar com seu modo de conduzir-se.

Continuando, já nos é factível mais uma parte a conceito que vem sendo construído. Destarte, é-nos permitido dizer, ainda seguindo Del Vecchio, e com base na postura didática anteriormente destacada: o Direito é a coordenação objetiva das condutas possíveis, entre duas ou mais pessoas, *com base num princípio ético que as determina...*

Ora, sendo a Ética a parte da Filosofia que trata da conduta, cabe-nos acolher o entendimento de que tal "princípio ético" se reveste de primordial relevância. Na verdade, os ordenamentos jurídicos arquitetam-se em obediência a modelos éticos dos quais defluem todos os seus contornos e conteúdos. Tudo fica a depender de tais parâmetros éticos, eles que são as diretrizes das normas constantes dos ordenamentos, estes que, por seu turno, são indicadores da totalidade das condutas que se venham a adotar no contexto deles mesmos. Vejamos alguns exemplos. No ordenamento jurídico brasileiro, o princípio ético que determina as condutas políticas são as formas republicana e federativa. As condutas econômicas são determinadas pelo sistema capitalista, ressalvadas algumas pequenas concessões ao socialismo, a exemplo dos direitos fundamentais dos trabalhadores e do sindicalismo. Entretanto, até mesmo essas concessões excepcionais atendem, indiretamente, ao princípio capitalista, pois o capitalismo não sobreviveria se insistisse em manter seu modelo clássico e original, consistente na espoliação desmesurada e cruel do trabalho. Foi preciso abrir algumas válvulas de escape, a fim de que os interesses do capital não terminassem, eles próprios, a criar condições de realização da profecia marxista no sentido de que o sistema capitalista traz, em seu bojo, os germes de sua própria destruição, nos termos do que veremos na segunda parte do Capítulo II.

Isso tem a ver com a teoria da supremacia da Constituição. Esta é que norteia todo o ordenamento jurídico, até mesmo em suas facetas não estatais. Nela é que se contém (ou se contêm) todo (ou todos) o princípio ético (ou os princípios éticos) determinantes das condutas possíveis à luz de certo ordenamento. E quando falamos, há pouco, de facetas não estatais do ordenamento jurídico, fizemo-lo porque não somos estatalistas. Por isso, afirmamos não se poder, por exemplo, pensar na existência eficaz, dentro do Brasil, de um costume contrário à república e à federação. Tampouco, poder-se-ia supor a ocorrência de uma norma jurídica doutrinária, ou de um princípio geral do Direito. E deixamos de nos reportar à norma jurisprudencial porque a consideramos norma estatal, de uma feita que provinda de agentes do Estado, os membros do Poder Judiciário.

E, completando a sustentação, que nos impusemos, do conceito que Del Vecchio oferece de Direito, enunciamos: Direito é a coordenação objetiva das condutas possíveis, entre duas ou mais pessoas, com base num princípio ético que as determina, *excluído qualquer impedimento*.

As condutas podem ser coordenadas de duas maneiras. Por meio do Direito e por meio da Moral. Não cogitamos, aqui, expressamente, da coordenação das condutas por intermédio das religiões porque, apesar de essa se constituir em uma coordenação de muito elevada valia, entendemos que ela está no âmbito da Moral, tendo em vista que a sanção oriunda do descumprimento das normas religiosas advém lá do interior do ser humano, inclusive sob a forma de pecado ou, quando uma certa religião atribui pouca importância ao pecado, de qualquer modo não foge ao acolhimento da prestação de contas no sobrenatural, onde reside a verdadeira e intacável justiça. Seja qual for o caso, pois, a sanção refere-se à interioridade do ser humano e, no que tange à quase totalidade das religiões, só se faz sentir quando não mais formos seres humanos, porém quando estivermos na realidade do mundo espiritual.

Feita essa ressalva, voltemos ao problema da exclusão de qualquer impedimento.

Com relativa frequência, acontece de a Moral e o Direito disporem suas normas lado a lado, sem entrarem em choque. No entanto, nem sempre isso ocorre. Às vezes, Moral e Direito dispõem diferentemente. Em tal hipótese, prevalecerá a norma jurídica. Não podemos opor impedimento de ordem moral para escapar ao cumprimento do Direito. Nos ordenamentos jurídicos que consagram a plena liberdade de religião, ainda que a pessoa alegue obstáculo de ordem religiosa, isso não a dispensará de cumprir a norma jurídica, seja sob a forma de atendimento de prestação alternativa, fixada pelo Direito – é o que se verifica, por exemplo, no ordenamento brasileiro, com referência ao serviço militar –, seja recebendo outra espécie de pena – perda da cidadania, *verbi gratia* –, atribuída a quem alegou o impedimento de natureza religiosa, se não se dispuser a aceitar a pena alternativa de mister.

Excluem-se, ademais, os impedimentos de natureza filosófica, notadamente quando houver conotações ideológicas discriminatórias ou atinentes a obstáculos voltados a questões políticas, máxime se de fundo partidário.

Em suma, o Direito afasta quaisquer impedimentos, conquanto isso não queira dizer que sempre a melhor postura seja a contida na norma jurídica. Pode ocorrer de aquilo que a norma moral busca resguardar melhor atender à dignidade humana, como no caso dos Estados onde são permitidos, mesmo que excepcionalmente, o aborto, a eutanásia ou a pena de morte. Se a moralidade reinante nesses Estados for contrária aos ordenamentos jurídicos respectivos, a norma moral é que está correta. Mas, infelizmente a do Direito é que prevalece.

Após toda a sustentação que fizemos, fracionadamente, do conceito de Direito alvitrado por Del Vecchio, temos condições, agora, de apresentá-lo em sua inteireza. Diz ele: "Direito é a coordenação objetiva das condutas possíveis, entre duas ou mais pessoas, com base num princípio ético que as determina, excluído qualquer impedimento".

Tal conceito de Direito nos satisfaz plenamente, de sorte que vamos, agora, passar à conceituação de Direito Econômico, a qual se baseará na teoria delvecchiana, mas contemplará nossa visão pessoal acerca dos traços diferenciadores, que fazem a autonomia do Direito Econômico como ramo da árvore jurídica.

2. O Direito Econômico

Iniciamos este tópico lembrando que há vários ramos do Direito que têm ligação com a economia. É o que podemos verificar com relação ao Direito Comercial, Direito Tributário, Direito do Trabalho, Direito Administrativo e mais outros. Então, o que os faz distintos do Direito Econômico, a ponto de podermos caracterizar este último numa quadratura específica, insusceptível de se mesclar com os outros ramos? Eis a razão de ser forçoso apontarmos a configuração conceitual do Direito Econômico, partindo do conceito geral de Direito – já que ramo do Direito ele é –, porém lhe dando tinturas próprias, identificadoras de sua especificidade.

Para isso, devemos começar sublinhando que a economia há de ser vista sob dois focos. O foco microeconômico e o foco macroeconômico.

Temos o primeiro na ocasião em que a vislumbramos numa dimensão pequena, concernente a interesses particularísticos, a exemplo dos negócios realizados por quem instala uma empresa de venda de eletrodomésticos ou se estabelece com a prestação de serviços de conserto de automóveis. Nas duas hipóteses, está sempre presente a atividade econômica em caráter estreito, diminuto. Às vezes, ínfimo, bastante modesto ou, mesmo que se cuide de empresa de maior porte, resulte numa atividade não dirigida aos interesses individuais do empreendedor, sem maiores repercussões sobre o todo da economia ou sobre larga escala da mesma, com força suficiente, portanto, para influenciar pronunciadamente sobre ela.

O segundo, ou seja, o espectro macroeconômico desponta naquelas situações em que a atividade é de tal porte desmedida que lança impacto sobre a organização da economia do país. Ainda quando não seja apta a impactá-la por inteiro, mas, pelo menos, atinge-a em algumas de suas colunas dorsais, afetando-a em certos pontos medulares do abastecimento de alguns produtos; desregulando-a quanto ao oferecimento do emprego da mão-de-obra, dos recursos naturais e do capital; inibindo-a no que se reporta às expectativas de investimento; prejudicando-a quanto ao equilíbrio da moeda e do controle do balanço de pagamentos; ou atingindo-a em aspectos capazes de desorganizar a vida econômica em seu alcance geral, levando, inclusive, a que se esboroe o próprio mercado, o que feriria de morte o sistema capitalista, que tem, na atividade mercadológica, quando sadia, sua viga mais segura de sustentação.

Vemos, nos exemplos do parágrafo anterior, os modos que impelem os ramos do Direito tradicionalmente enlaçados com a economia – Direito Comercial, Direito Tributário, Direito Trabalhista, Direito Administrativo etc. – tornarem-se inaptos a resolver os distúrbios econômicos mais graves, seja por suas fragilidades perante acontecimentos de tanta monta e tão desestabilizadores da vida econômica, seja pela circunstância de que outras são suas finalidades. É de haver um outro ramo jurídico que se atenha à solução de tamanhos distúrbios. E esse ramo é o Direito Econômico.

O Direito Econômico volta-se, por conseguinte, àquelas oportunidades em que a ordenação macroeconômica reclama a intervenção do Estado ou da sociedade com o fito de que não se desnorteie gravemente. Não é exclusivamente um ramo originário da intervenção estatal. Poderá sê-lo também da sociedade, embora este aspecto seja bem menos ocorrível do que a intervenção estatal. Entretanto, nem por ser patentemente minoritária sua ocorrência, chega a ser uma hipótese nula.

Há, é induvidoso, a probabilidade de uma ação social tão significativa que chegue a funcionar como instrumento de ordenação macroeconômica. É o caso, para exemplificar, da economia de comunhão, praticada por algumas comunidades do movimento focolarino. Efetivamente, o Focolares, fundado em Trento, na Itália, por Chiara Lubich e outras, mantém, até mesmo aqui, no Brasil, comunidades nas quais as empresas ficam, por opção, vinculadas a um sistema de distribuição de lucros que beneficiam eficazmente seus empregados, entre outros, fortalecendo-lhes os orçamentos e agregando-lhes condições de bem-estar, de educação e de saúde e, ao mesmo tempo, solidificando a rentabilidade das empresas, coisa que aumenta as possibilidades do grupo social. Fora, pois, de uma atitude isolada de uma determinada pequena ou média empresa, o que seria microeconomia, porém fruto do empenho da coletividade mesma, que decide atuar com vistas ao bem comum.

Por outro lado, é possível termos em mente também o eventual aparecimento de um costume de alcance macroeconômico, como sói acontecer com o consuetudinarismo de certas comunidades indígenas, onde os bens econômicos se comunicam na proporção das necessidades de cada um. Assim, não será temerária a afirmação de que possa haver um Direito Econômico não adstrito aos liames do Estado, conquanto, repetimos, estejam no âmbito dos horizontes estatais as mais importantes iniciativas desse ramo do Direito.

Após essas considerações esclarecedoras, podemos aventar o conceito de Direito Econômico, nos seguintes termos: *Direito Econômico é a coordenação objetiva das condutas possíveis, entre duas ou mais pessoas, com base num princípio ético de cunho macroeconômico que as determina, excluído qualquer impedimento.*

Isso vai produzir reflexos nas peculiaridades relativas à norma de Direito Econômico, mas tais reflexos serão analisados ao cogitarmos de tal espécie de norma.

Capítulo II
A TESE LIBERALISTA NA ECONOMIA

1. Uma lenta aproximação anterior. 2. A tese liberalista econômica propriamente dita.

1. Uma lenta aproximação anterior

O liberalismo como, de resto, todas as grandes e influentes doutrinas, não surgiu de repente, do nada, para as culminâncias do prestígio que viria a fazê-lo merecedor do título de iniciador da Ciência Econômica. Pelo contrário, plantou-se e foi despontando aos poucos, fincando raízes que se aprofundavam no solo de onde viria a germinar a escola. Esta inserção do liberalismo num trabalho de Direito Econômico, pode assemelhar-se paradoxal a alguns, face às suas características individualistas e até mesmo egoístas, as quais iremos descrever já neste capítulo. A explicação é que o liberalismo deve ser indigitado como fazendo parte do surgimento da teoria que conduziu à alvorada do Direito Econômico, tendo em vista que foram exatamente esses moldes definidores de suas feições doutrinárias e de sua prática que desencadearam a antítese socialista e o consequente choque que fez despontar a síntese consistente na elaboração intervencionista, estatal ou não, mas sempre tendente ao equilíbrio macroeconômico.

Sem fazer a dissertação acerca de origens que se alongam no tempo, desde as especulações aristotélicas, podemos caminhar a partir do sistema feudal, que radicava na atividade agrícola o fator econômico por excelência. As relações de trabalho de então, tristemente manchadas de escravismo, viam-se marcadas por caracteres especiais, dada a distância, bem como a quase independência, quando não o poder maior, de certos senhores feudais, em relação ao governante central. Essa fase não nos permite visualizar nela senão apagados vislumbres de uma Ciência Econômica. O mesmo podemos afirmar com respeito ao nascimento de uma Ciência das Finanças, este que, segundo Dino Jarach, só vai ocorrer com os cameralistas.

Von Justi e Sonnenfels são vistos como as figuras exponenciais do cameralismo. Ocupam-se das preocupações alusivas à economia principalmente sob a ótica do Estado. De qualquer modo dá-se aí a largada para aquilo que os exalçaria ao nível de precursores de expoentes como Von Stein, Wagner e Schäffle. No entanto, o cameralismo incorreu em tropeços na elaboração da cientificidade da Economia e das Finanças Públicas, no momento em que se ateve, quase unicamente, ao estudo de casos isolados ou de medidas particulares. É, pois, mais corretamente enquadrável como um conjunto de ideias cabível no bojo do mercantilismo, que se alongaria por cerca de três séculos, aproximadamente de 1450 até 1750.

Uma série de acontecimentos, descobertas e fatos científicos, religiosos, políticos geográficos e econômicos implicaria alterações profundas e duradouras no curso histórico dessa caminhada. O comércio iria internacionalizar-se definitivamente com a descoberta, provinda, sobretudo, da China, dos instrumentos de orientação náutica, proporcionando o desenvolvimento das navegações, as quais, até então, faziam-se apenas costeando o litoral, dadas as dificuldades quase intransponíveis de se afoitarem os navegadores mar adentro, afastando-se dos acidentes geográficos – montes, fozes de rios etc. – situados no continente. Ora, com a chegada, à Europa, da bússola, do astrolábio e do sextante, foi possível que se aventurassem pelo mar grande, pelo mar ignoto, sem receio de se perderem nas lonjuras oceânicas, caírem nos abismos insondáveis, espécies de antessalas do inferno, habitadas, segundo diziam as lendas da época, por monstros marinhos, dragões e grandes serpentes, ávidos de devorar todos quantos se atirassem a navegar até os abismos que demarcavam o término dos mares. Por outro lado, os europeus conheceram igualmente a pólvora, semelhantemente oriunda da China, naqueles tempos bem mais desenvolvida do que a Europa. Em decorrência, a guerra, que se fazia, antes, somente com armas brancas – se é possível considerar-se branca alguma arma, já que todas trazem o timbre sanguinolento da violência – passou a ser feita com armas de fogo, o que possibilitou aos governantes armar seus navegadores com mais eficácia, a fim de que pudessem fazer frente aos grandes criminosos dos mares, que eram os piratas e corsários.

Isso tudo conferiu alento novo às navegações e, por via de consequência, ao comércio, que se buscava realizar por via marítima, porquanto os muçulmanos haviam interditado a mercancia pelas trilhas anteriores, ao fecharem o caminho dela por terra. Assim sendo, saiu Bartolomeu Dias e chegou até o Cabo das Tormentas, que passaria a chamar-se Cabo da Boa Esperança. Vasco da Gama dobra o Cabo da Boa Esperança e chega às Índias. Cristóvão Colombo, seguindo rota diversa, descobre o outro lado do oceano, embora pensando haver chegado às Índias. Apesar do seu engano, estava descoberto o que seria a América. Pedro Álvares Cabral navega afastando-se do continente e dá à Ilha de Vera Cruz, depois Terra de Santa Cruz e, por último, Brasil. Nenhum deles caiu nos abismos terminais dos oceanos. Eram as lendas antigas cedendo à verdade geográfica.

Todavia, não ficaram os avanços somente nisso. Gutemberg, mais uma vez inspirado no saber chinês, aperfeiçoa a arte de imprimir textos. Facilita, com isso, a difusão dos livros e da cultura em geral. Lutero desafia a pecha de pecaminosidade que se abatia sobre os lucros extorsivos da atividade mercantil, absolvendo-a. Ficam livres, em razão disso, as consciências dos nobres, ansiosos por comerciar e por se associarem, clandestinamente, aos anônimos burgueses, cedendo-lhes, na surdina, sem o perigo de incorrerem no anátema da Igreja Católica, parcelas de suas poupanças, com as quais iria o tirocínio burguês comprar, para revendê-los na Europa, com amplos ganhos, especiarias, na Índia, sedas e tapetes, na Pérsia, pau-brasil nas terras do lado de cá, sem precisarmos elencar outras mercadorias. E houve muito mais: o ouro e a prata descobertos na América iriam abarrotar cofres em Lisboa, Londres, Amsterdam e noutras praças, até o Norte, aonde foram subindo pelo Atlântico. Estava inaugurado vigorosamente o mercantilismo.

A moeda receberia o influxo das ideias novas, trazidas no seio dos carregamentos de metais preciosos. Era o metalismo, que despontaria, para muitos, como se fosse o próprio sinônimo de riqueza. Mesmo para aqueles que, pensando mais afortunadamente, entendiam que a única riqueza não estava nos metais preciosos mesmos, porém na possibilidade de adquirir com eles muitas coisas, sob qualquer modalidade, dada a durabilidade e a incorruptibilidade das riquezas metálicas, inatacáveis pela ferrugem, pela eventual perda do seu valor econômico, ou por qualquer outro meio de destruição, por lenta e persistente que fosse sua ação. Ademais, a riqueza metálica servia para o financiamento das guerras, frequentes, infelizmente, na História do mundo e, como tal, na História da época. De toda sorte, no metalismo estava o cerne do pensamento mercantilista.

A atividade econômica, e a própria vida, sofreriam o impacto da elevação dos preços, com os inevitáveis reflexos disso na sociedade mesma. O afã da aquisição de metais preciosos desarrazoabilizaria especialmente os soberanos. Enquanto isso, os estudiosos eram incitados a pensar. De Malestroit seria convocado por Carlos IX a efetuar um diagnóstico dos efeitos daquilo que hoje denominamos inflação, isto é, verificar as mutações monetárias ocasionadas pelas alterações no nível dos preços. É a Ciência Econômica fazendo-se embrionariamente, eis que De Malestroit chega à conclusão de que não eram os preços que subiam em si mesmos, porém as moedas é que se desvalorizavam. A alta era apenas nominal. Não eram as coisas que se valorizavam. A opinião surgia um tanto elogiável, para aquele tempo. Uma coisa é certa. Não há dúvida de que já se procurava apetrechar de cientificidade o acompanhamento do processo econômico.

Quantitativamente, diria Bodin em reação, as causas fincavam raízes no estoque monetário. Os preços haviam sido majorados em patamares superiores à redução havida no valor das moedas. Ocorreria, por conseguinte e desse modo, uma relação direta entre o movimento do estoque de metais preciosos e o movimento dos preços.

Foram diversas, cinco para ser mais preciso, as espécies de mercantilismo: *a*) o bulionismo espanhol; *b*) o industrialismo francês; *c*) o metalismo mitigado inglês; *d*) o utilitarismo populacionista alemão; e, *e*) o fiduciarismo plurinacional, de Law e outros menos relevantes.

O mercantilismo metalista propriamente dito ou bullionismo prosperou, por motivos óbvios, especialmente na Espanha. Há, observavam os atores da vida econômica, duas formas utilizáveis para que se tenha a máxima acumulação de ouro e prata. A primeira delas consiste em evitar a expatriação de metais preciosos. Seja desestimulando as importações, seja impedindo a evasão de metais. Consoante asseveramos no início deste capítulo, digamos, de passagem, que as grandes teorias se vão construindo aos poucos, numa semeadura lenta que, por vezes, está bem distante do aflorar da teoria. Aqui, já encontramos o lusco-fusco do intervencionismo do Estado. A ponto de, no fim do século XV, chegar-se mesmo à proibição pura e simples da saída dos metais preciosos, ainda que já em forma de objetos manufaturados, como é o exemplo das baixelas. A segunda das formas acima enunciadas revela-se na elevação da taxa de juros, visando à atração de moedas estrangeiras. Mais uma antecipação da teoria econômica atual, a despeito de distantemente formulada. Atingiu-se o grau de exigir, numa expressão exacerbada do bullionismo, que os navios trouxessem do exterior o valor de suas cargas em ouro.

O mercantilismo industrialista francês também não apresenta facetas difíceis de entendermos: à França não iam ter os filões do ouro do Novo Mundo, como é historicamente comprovado que acontecia com a Espanha. Para chegar ao desejado incremento da industrialização, imprescindível seria adotar medidas também antecipatórias do hodierno intervencionismo estatal, conquanto em níveis bastante atenuados. Apesar de atenuados, esses esforços intervencionistas foram utilizados largamente em solo francês. Fiscalizavam-se os níveis máximos dos salários. Fixavam-se taxas para os juros, em moldes a dar competitividade aos produtos franceses. Instauravam-se – ou se intensificavam – medidas de incentivo demográfico, para oferecer mais braços para a mão de obra. Fortaleciam o exército, visando à garantia da segurança política e econômica, pelo poder das armas. Regulava-se o consumo com especial atenção, intentando fazer aumentar o excedente da produção. Tudo isso sob a batuta do ministro Colbert, aos acordes de Bodin, Montchrétien, De Malestroit, Grammont e Sully, este vocacionado ao agrarismo.

Na Inglaterra, a rigidez metalista também não era tanta. Enfim, a Inglaterra, desde então, já era ciosa de sua realeza dos mares. Os comerciantes, de tanto insistirem, conseguiram que a saída de metais preciosos deixasse de ser proibida. Baseavam-se no argumento de que, sendo a Inglaterra uma grande potência marítima e dispondo, por isso, de condições para comprar especiarias e outros produtos nas Índias Orientais, por preços que poderiam ser até centuplicados ao serem revendidos aos estrangeiros, não tinha explicação a continuação do embargo, pois isso só iria prejudicar os negócios, já que os vendedores dos produtos comprados pelos ingleses não mostravam disposição de venderem seus produtos mediante o pagamento com outros bens, mas somente com metais preciosos. Reforçavam seus argumentos indicando o fato de que a maior liberdade mercantil provocara o enriquecimento de cidades antigas, a exemplo de Sídon, Tiro e Cartago, ao lado de outras.

Foram muitos os mercantilistas ingleses. Alguns deles, conforme é o caso de Locke, posicionaram-se mesmo até o limiar do liberalismo, escola em que as tendências lockeanas incursionaram muito mais do que se manifestaram acerca de tendências mercantilistas. Contudo, e por isso, ainda não é a vez de tratarmos de Locke. Interessam-nos mais, por enquanto, as lições de Petty. Precursor de Adam Smith, gizava, com um século de antecipação, a importância da divisão do trabalho. Explicava o valor dos produtos com esteio no trabalho, indo desde os fisiocratas até alcançar a posição de precursor das ideias de Marx. Consoante resume Hugon, "o trabalho é o pai e o princípio ativo da riqueza, assim como a terra é a mãe". E continua o depoimento hugoniano: "Insiste, em particular, sobre a importância do imposto sobre a Economia nacional, não apenas como fonte de riqueza em benefício do Estado, mas, também, como elemento regulador da atividade, e para isto sua taxa deve ser moderada, sobretudo aquelas (*sic*) que incidem sobre as exportações, a fim de favorecer as manufaturas que produzem para o exterior. Os impostos sobre as importações devem ser seletivos, para tomar em consideração as necessidades da produção nacional em matérias-primas estrangeiras. De modo geral, o imposto deve ser adaptado aos recursos dos contribuintes, e, consequentemente, fixado de acordo com a importância de suas propriedades e de suas riquezas". Era, mais uma vez, a confirmação daquilo que temos dito repetidamente: as elaborações filosóficas e científicas não nascem de uma vez, de inopino. E mais: bem adiante, Hegel irá demonstrar que as sínteses sempre recebem influências tanto das teses quanto das antíteses que se lhes antecipam. Isso se vai verificar com a tese liberalista, com a antítese socialista e com a síntese intervencionista.

O utilitarismo populacionista alemão, como, de resto, sói acontecer com as escolas em geral, teve diversas figuras de expressão. No entanto, deter-nos-emos em poucas apenas: Seckendorff, Becker e Von Justi, este último já mencionado.

Seckendorff, manifestando-se de acordo com outros notáveis da escola, defende o aumento da população como fórmula para o incremento da oferta de mão de obra. Sustenta, identicamente, a coibição das importações não indispensáveis. Ataca a ociosidade e contesta a utilização do trabalho destinado à produção de bens supérfluos, para os quais não se deve orientar a utilização de matérias-primas.

Na elaboração beckiana, obtém estofo um dos postulados mais realçados do mercantilismo, qual seja o de que a coletividade é que prepondera, e não os interesses individuais. Eis aqui seu traço mais distintivo em relação ao liberalismo propriamente dito, que esgotará o mais ingente de seus esforços no resguardo das prerrogativas e vantagens do indivíduo humano. Entretanto, Becker está sendo coerente. Enfim, ele era mercantilista. Portanto, condenava tanto a importação quanto a exportação, se fossem realizadas com vistas aos benefícios em favor de particulares, não de todos. São, numa guinada do pensamento do estudioso alemão, os albores do conceito de povo, conjunto de indivíduos humanos politicamente influentes, semeadura daquilo que se constituiria no conceito de Estado nacional e de sociedade civil, clareando o alvorecer de algo que se desvendaria tão caro ao liberalismo. Mais uma vez, não se pode afirmar existir uma incoerência em Becker. É que os três conceitos são vizinhos e, além disso, está ele na linha de transição entre as duas escolas. Na fronteira findante de uma e no limite inicial da outra. É o resultado da lenta aproximação que anunciamos no título deste tópico. E, para uma demonstração da aparente mistura da construção beckiana, bastaria lembrarmos que ele apregoava o Estado comandante do comércio exterior, podendo até mesmo desempenhar a atividade empresarial, por intermédio da criação de sociedades comerciais. Para assenhorear-se do estoque de metais preciosos, poderia o Estado chegar até mesmo à determinação da baixa dos preços das exportações, quando estas pudessem carrear a aquisição de tais bens.

Von Justi buscou sistematizar as regras alusivas à tributação. Atitude contraditória aos ideais do mercantilismo? Não. Unicamente, e de novo, esbatem-se as linhas fronteiriças entre o mercantilismo e o liberalismo, que já vem chegando. A igualdade de todos no que diz respeito aos tributos que lhes pesam aos ombros, as zelosas avaliação e arrecadação tributárias, o cuidado em que a taxação não leve ao desestímulo da produtividade, coisas com que o absolutismo tributário não se incomodaria, pontificam em sua formulação teórica. Não verbera contra o comércio exterior. Acolhe o ponto de vista segundo o qual a terra fosse explorada por quem detivesse sua propriedade, no intuito de que se lhe incrementasse a produtividade, sem que, com isso, vissem-se esquecidos os índices de aumento demográfico, único meio de se assegurarem braços para o trabalho, fosse o trabalho fundiário, fosse o artesanal, fosse, em menor escala, o mercantil.

Afinal, o último ramo do mercantilismo, ou seja, o fiduciarismo, de Law e mais alguém, sendo que nos ateremos somente à figura controvertida do nomeado, não propriamente pelo êxito de suas ideias e iniciativas, porém pelos fracassos que teve de amargar ou fazer outros amargarem. Vida agitada, dilapidação do próprio patrimônio, duelo desonroso, aventuras amorosas pouco confessáveis, quedas, apogeus e fugas desastradas, tudo isso fê-lo criar triste fama, a ponto de Galbraith indigitá-lo como "um patife, um refinado malandro, alguém que promete, por meio de magia ou mistificação, colocar tudo em ordem". E não o faz. Não lhe sejamos, contudo, tão cruéis quanto o autor de *A Era da Incerteza*, pois, enfim, era dotado de "notável experiência em questões financeiras", de acordo com o que Galbraith mesmo seria forçado a reconhecer.

Law tentou esmaecer o dogma, então imperante, do padrão-ouro. Os depósitos de dinheiro seriam garantidos principalmente pela potencial exploração – comprovada por quem? – das reservas de ouro e prata a serem descobertas na Louisiana. Como seria de esperar, não muito tempo depois, as desconfianças foram espocando aqui e ali. Avolumaram-se. O Banque Royale teve de abandonar o padrão-ouro – hipotético, no caso, digamos de passagem. As notas emitidas passavam a ser dinheiro criado por um banco. Premonitoriamente estava Law antecipando grandes modificações no mundo financeiro, fiduciariamente suscitando aquilo que, sem cogitar de mais outras alterações, ocorreria muito depois em consequência das decisões tomadas na Conferência de Bretton Woods. De fato, era uma ideia boa. Sua implementação é que foi o grande problema, quer pela audácia de seu arquiteto, quer porque as grandes áreas de terra das Índias Ocidentais, que se alongavam do Golfo do México a Minnesota e das Montanhas Rochosas aos Alegânis, não continham o ouro e a prata esperados, pelo menos ao nível da ousadia de Law e a tempo de atender sua pressa. O resultado foi que nem o curso forçado das notas bancárias emitidas foi suficiente para acalmar os investidores ou dar músculos à inventiva de Law.

De qualquer sorte, não era ele um tonto, que não soubesse sequer traçar a diferença entre crédito e moeda, entre volume monetário e velocidade de sua circulação. De resto, conseguiu chamar a atenção para as inconsequências da moeda-metal, realçou as vantagens da nota bancária como fator de elasticidade da circulação e concorreu, não sabemos se o querendo, para que se sentisse a utilidade da concentração de metais preciosos em um estoque oficial, ou sob controle oficial.

Como foi suficiente para vermos, o mercantilismo criou vigas mestras que, não obstante as vacilações e diferenças, foram sólidas o necessário para a sustentação de uma doutrina. De resto, o mercantilismo, ao dar contornos nacionais à economia, ensejou o absolutismo do poder central, deitando assim as redes em que esse se iria emaranhar, e dando azo a que as ideias tipicamente liberalistas emergissem. E emergiram de tal sorte robustas que não há negar o contributo liberalista para a gestação daquilo que, isto sim, forçaria o aparecimento da antítese socialista, que analisaremos no Capítulo III, após, como dito antes, discorrermos acerca dos ensinamentos liberalistas e da prática liberal.

2. *A tese liberalista econômica propriamente dita*

No tópico 1 deste capítulo, vimos um conjunto de descobertas, invenções, acontecimentos políticos e religiosos que acompanharam o mercantilismo e que, agora, vêm descambar no liberalismo. Sem voltar a abordá-los, vamos cuidar dos contornos desta última escola de pensamento, em seu prisma econômico, o qual deu o momento inicial verdadeiro para o surgimento, lá adiante, do Direito Econômico. Mas tal surgimento, é claro, somente será analisado no capítulo azado, segundo dissemos na *Apresentação* deste trabalho.

O liberalismo foi uma reação, não muito vigorosa, ao mercantilismo. Encerrou três aspectos dignos de nota: *a*) procurava revestir-se de cientificidade; *b*) dizia-se em nome dos ideais libertários do ser humano; e *c*) apresentava nítidas tendências individualistas. Ao lado de tudo isso, demonstrou, em seu início, uma estreita vinculação às possibilidades de riqueza que a atividade fundiária sempre esteve apta a propiciar, denotando desse modo, um ancestral afinco à terra, segundo, ainda na Grécia antiga, Hesíodo atestara em seu *Trabalhos e Dias*, na parte relativa à *Agricultura e Economia*. De resto, mesmo os mercantilistas, aqui e ali, voltavam a ela. E, agora, com os liberalistas, os recursos fundiários ressurgem como a base não só física, mas também doutrinária, da produção de riquezas.

Essa base doutrinária, então designada fisiocratismo, entra para o bojo da teoria liberalista à luz da profunda erudição de Quesnay. A ordem natural e a ordem providencial repontam como dogmas inafastáveis. E tal entendimento aflora em momento propício, porquanto o fervor com que suas principais inteligências penetravam no estudo das questões econômicas desenhava um quadro favorável ao acolhimento que a subescola logrou obter. Era ela um misto de duas tendências dominantes à época. De um lado, o racionalismo, que galgava culminâncias indiscutíveis. Do outro lado, o férreo determinismo das leis científicas de estofo naturalistas. A própria estratificação social, então acatada teoricamente e, de certo modo, na prática, espelhava esses postulados. A classe *produtiva*, constituída pelos agricultores, na primeira posição. A classe *proprietária imobiliária*, formada, nos termos do que o nome já o diz, pelos donos de imóveis, a qual ocupava o segundo estrato. E, finalmente, a classe *estéril*, integrada pelos que se dedicavam ao comércio e à indústria, pelos profissionais liberais e pelos serviçais domésticos.

Dessa estratificação social decorria uma peculiar distribuição das riquezas, que se pretendia matematicamente formulada. Eis por que o *Tableau Économique*, de Quesnay, chegou a conclusões, que já se subentendem do seu título mesmo, no sentido de que tudo, ou quase tudo, se fizesse em moldes comprometidos com as ciências tidas por exatas e naturais. A circulação do sangue no organismo humano, então há pouco descoberta por Harvey, via-se estampada nesse contexto classista.

Conforme as intenções dos fisiocratas, abundância com ausência de valor econômico não seria riqueza, enquanto que preço alto com penúria não passava de miséria. Vejamos o dilema que recai sobre a escola. O preço, para que a subescola não se mostrasse incoerente, deveria ser estabelecido pela livre concorrência, já que, enfim, ela estava dentro da formulação doutrinária liberalista, que não poderia excluir a ideia de liberdade de competição. Todavia, sendo fixado pela livre concorrência, dificilmente seria alto, pelo menos nos tempos de abundância de bens e serviços. Não podemos, por conseguinte, deixar de lado um ingrediente que nos irá ser muito útil na futura formulação da síntese dialética que pretendemos alcançar: a presença ativa da ordenação macroeconômica, estatal ou não, faz-se necessária.

E o que é mais intricado. Dupont de Nemours, desfilando, ainda que não o quisesse, sua fidelidade à ordem natural das coisas – e às regras do mercado? –, lembrava ser impossível atingir-se um ponto a não ser pelo caminho que a ele conduz. O certo é que, abstraído o geometricismo ínsito aí, impende-nos afirmar que, uma vez corretamente analisado seu raciocínio, Dupont de Nemours não exorciza o que ele intentou exorcizar. É que, sem falar nas teorias geométricas mais atuais, não devemos olvidar que o caminho, ao nível do que elucidaremos lá adiante, que conduz a um determinado ponto pode não excluir a ação do Estado. Mas isso não é para ser discutido agora, nem o era para sê-lo naquele tempo, e sim para ser posto sob discussão lá quando, mais uma vez o dizemos, formos apresentar a síntese tão esperada, sem prejuízo dos prévios ressaibos de estatalismo que até os socialistas não se puderam furtar a admitir.

A verdade é que o liberalismo preconizava a plena liberdade na esfera econômica. Entretanto, é-nos inviável supor que alguém que não dispusesse do mínimo de sustentáculo econômico tivesse como participar desse festim libertário. Os monumentos, mesmo os doutrinários e filosóficos, não se erigem apenas com palavras. As estátuas não têm como ser cinzeladas unicamente com o discurso. É, com efeito, o que desejava dizer Voltaire, um dos inspiradores, com seu iluminismo, da tese liberalista: "És livre de fazer, quando tiveres o poder de fazer". E as grandes massas populares não tinham esse poder.

Os fisiocratas mesmos, ao estudarem a tributação e a respeito dela se manifestarem, preconizaram um arcabouço de sistema tributário que gravava, de maneira direta, somente a renda dos proprietários de terra, uma vez que, acreditavam, o *produto líquido*, a riqueza real partia somente da terra. Era, não há esconder, a burguesia comercial enriquecida mexendo os cordéis do imenso palco onde se desenrolava a cena dos seus interesses. Se fosse tentado o gravame sobre as classes produtiva e estéril, redundaria ele por recair, de qualquer sorte, sobre os proprietários de terras, porquanto aquelas classes não passavam de assalariadas destes. Daí a razão de a carga tributária dever incidir, logo e diretamente, sobre estes. Essas opiniões, que não deixam de ser precursoras das atuais teorias de transferência tributária, não tiveram aplicação prática exitosa, porém funcionariam, mais tarde, como estandarte a ser desfraldado, pela burguesia ascendente, nos acontecimentos da Revolução Francesa de 1789, a ponto de a Assembleia Constituinte exigir da terra a metade da contribuição nacional total. E não ficou só nisso. Repercutiu, de certa forma, na Inglaterra, nos Estados Unidos e em outros países.

Superado, ou esmaecido, o fisiocratismo, dá-se a alvorada da expressão maior do liberalismo econômico, em termos de influência, a qual reside na chamada Escola Clássica.

O marco inicial da escola pode ser posto em Adam Smith. É preciso que digamos, de logo, caber-lhe o título de pai da Economia como ciência. Urge que realcemos desde já, ademais, repetindo advertências antecedentes assemelhadas, não ser mérito exclusivamente seu a paternidade da Ciência Econômica. No entanto, ninguém, antes dele, lograra tamanho sucesso na investigação metódica e exigente dos labirintos econômicos. Por isso, ao nível de tudo quanto já vimos, e tendo em conta que o conhecimento é uma herança que se acumula lentamente, não havemos de esquecer também a influência de Hume sobre Adam Smith, como fruto da sólida amizade que se teceu entre ambos. "Smith não poderia existir sem Hume", escreveria Haldane, de acordo com o testemunho de Hugon.

Se fosse de nossa intenção retroceder a tempos quase imemoriais, descobriríamos em Ciro, no relato autorizado de Xenofonte, na *Ciropédia*, Livro IV, traços, se bem que tênues, de mercado: "Anuncie-se mercado franco no acampamento, para que os vivandeiros e mercadores venham vender com segurança seus objetos e exportar outros, fazendo-se assim frequentado o acampamento". E mais: "Porventura pensais que é preciso assistirmos todos os atos; que não é bastante que eu em qualquer ocasião advogue vossa causa e vós a nossa? Aquilo seria implicarmo-nos em maior número de negócios e colher menor utilidade". Em que pese a isso, no Livro VIII, vamos encontrar que as riquezas não tornam felizes "senão àqueles que, depois de tê-las adquirido por meios justos, usam delas generosamente". Dá para vermos que se trata de uma ideia bem antiga de mercado, tocada, porém, de vacilação entre a liberdade mercadológica e o intervencionismo. Enfim, em Xenofonte, é ao mercado que se faz referência, pela boca do príncipe. Mas não é de admirar. Muito mais tarde, já no século XVI, Witold Kula, em seu *Teoría Económica del*

Sistema Feudal, irá testemunhar idêntica tergiversação, fundamentado em Rybacki e outros.

Com o liberalismo que se pretende clássico é que a virtude econômica será levada a deslocar-se do centro – ou da dúvida então reinante, e aí, e somente por isso, lembrando os ensinamentos de Descartes, seria virtude mesmo – para os extremos.

A burguesia agora enriquecida, já o dissemos, foi a grande beneficiária do sistema liberalista. Efetivamente, não poderia fazê-lo sem o conveniente embasamento filosófico, político e religioso. Lutero e Calvino entraram com suas contribuições. A predestinação calvinista entrelaçar-se-ia com a liberdade de Milton, rememorada no *Paraíso Perdido*. A despeito disso, o predestinado, nessa doutrina, é sempre o indivíduo, jamais a coletividade. De resto, mesmo no fim da Antiguidade, o contexto já se pronunciava mais em favor das vantagens pessoais do que dos benefícios coletivos. A comunidade do Cristianismo católico, por sua vez, haver-se-ia de voltar, na dignificação do indivíduo humano, para a vida do além-túmulo, a despeito de suas repercussões terrenas. E, em tais repercussões, é verdade que, em posturas indisfarçavelmente elogiáveis, se tivermos em mira o cerne dos ensinamentos cristãos, o indivíduo que se buscava dignificar era, e é, aquele inserido na interação com o próximo, ao qual o ser humano se havia, e se há, de doar muito mais do que se aproveitar dele em benefício próprio. Ainda quando nas manifestações historicamente mais palpáveis dessa realidade, das quais foi exemplo o Sacro Império Romano Germânico, a desagregação imposta pelos conflitos de interesses, deflagrada mormente após o desaparecimento de Carlos Magno, terminou por esquecer o bem-estar comum, ainda que não em face de posições filosóficas individualistas em sentidos estrito e econômico.

Maquiavel e Hobbes não desejaram o coletivismo. Recearam, isto sim, que os apetites potestativos dos mais fortes terminassem por esmagar o patrimônio libertário individual dos mais fracos, o que era o caso da grande maioria.

As raízes liberalistas são, pois, anteriores à escola. Em razão de serem tantas e tão dispersas pelos campos onde se fincavam, bastava-lhes a agregação de algum teor político ou econômico mais robusto para sobrelevarem-se, potentes e firmes, em um conjunto teórico dos mais influentes no curso da História. E isso chegou a um ponto em que não tardaria a acontecer. E aconteceu.

Em Locke o contrato social tinha bases egoístas, diferentemente do que aconteceria com Rousseau. Tratava-se, para o pensador inglês, de um egoísmo quase inarredável. Se dois galgos, exemplificava ele, vão perseguindo uma lebre e um deles se atravessa à frente dela, ensejando que o outro a abocanhe, não o faz por solidariedade para com o parceiro de caça, mas pelo fato de que seu instinto lhe ditou que não a conseguiria pegar sozinho. Estava lançado aí um dos alicerces da ética do capitalismo, inspirador do liberalismo econômico. Se alguém se associa a outrem num empreendimento societário, não o faz porque esteja tomado do salutar desejo de repartir com outrem seus ganhos, porém pelo convencimento de que isoladamente não tem como levá-lo adiante, seja por ausência de suficiente capital, seja por falta dos conhecimentos técnicos indispensáveis, seja por outro motivo qualquer.

Imbuído de semelhante convencimento, disse Locke, no *Segundo Tratado sobre o Governo*: "Deus deu o mundo em comum aos homens; mas, como o fez para benefício deles e maior conveniência da vida que fossem capazes de retirar dele, não é possível supor tivesse em mente que devesse ficar sempre em comum e inculto. Deu-o para uso do diligente e racional – e o trabalho tinha de servir-lhe ao direito de posse –, não à fantasia e ambição dos brigões e altercadores. Aquele que deparasse com um trecho igualmente bom para melhorar, como os que estavam já ocupados, não precisaria queixar-se, nem deveria meter-se com o que estava melhorado pelo trabalho de outrem; se o fizesse, seria evidente desejava o benefício dos esforços de outrem a que não tinha direito e não o terreno que Deus lhe dera em comum para trabalhar e do qual havia trechos tão bons como os já apropriados e mais do que seria capaz de aproveitar ou alcançar por sua habilidade". Uma passagem assim calhava com luva aos interesses do liberalismo econômico. Ao par disso, é evidente que indica a importância do trabalho humano em termos hábeis a servir a outras ilações, inclusive no que atine com a chamada função social da propriedade, de que cuidaremos na passagem adequada, averbando-a de propriedade *como* função social. Por enquanto, basta atentarmos para a ferrenha vinculação das ideias liberalistas ao princípio da propriedade.

Adam Smith, já afirmava, em meados do século XVIII, que, para arrancar um Estado do mais baixo grau de barbárie e elevá-lo à mais alta opulência seriam necessárias três coisas: paz, impostos módicos e uma tolerável administração da justiça. Tendo-se isso, o mais viria como consequência da evolução natural das coisas. Depois, iria desenvolver tal raciocínio na quadratura de uma sistematização melhor.

A preocupação central da doutrina smithiana tende a ser a atividade econômica, isto é, o trabalho ajudado pelo capital. Contrário ao metalismo e ao exagero agrarista dos fisiocratas, entende, consoante já escrevemos em outro trabalho, que a proporção segundo a qual o produto do trabalho se reparte entre um número maior ou menor de consumidores é que torna um país mais ou menos rico. Confia no interesse privado como sendo capaz de garantir o progresso geral da riqueza e é também otimista quanto aos resultados dessa ação individual, embora sem aceitar a concepção providencial de Quesnay. Acolhe o entendimento de que a psicologia individual explica o interesse geral, que se efetiva espontaneamente, e não providencialmente, da soma de interesses individuais, fazendo com que, de tal maneira, o interesse individual coincida com o interesse geral, daí por que os interesses privados devem gozar de liberdade plena.

Para que a divisão do trabalho seja dotada de eficácia, duas condições são imprescindíveis: a extensão dos mercados e a abundância de capitais. A inferência lógica de todo o seu sistema desemboca na exaltação da liberdade de comércio, da qual resulta também liberdade aos capitais, compreendida aí a aplicação deles. Eis o livre-cambismo. Não tinha ele como deixar de estar presente na linha de ponderações smithiana, conquanto numa moderação superior à adotada pelo mercantilismo. Não obstante isso tudo, não houve como Adam Smith escapar de, em seu pensamento, embutir algumas tinturas intervencionistas. É o caso de sua aceitação do protecionismo contra a concorrência estrangeira, a fim de que se criem condições favoráveis à implantação de indústrias indispensáveis à guerra, porquanto a defesa não era considerada menos relevante do que a riqueza.

Adam Smith era, portanto, um otimista. Sensato, digamo-lo. Quase meio século depois de sua morte, Hodgkin ainda manteria o mesmo ardor doutrinário. Mas não só esse ardor. Inspirar-se-ia também em Locke, para asseverar que considerava o direito de propriedade aquele que as pessoas têm de receber o produto de seu trabalho, "de possuí-lo para seu próprio uso e seu próprio prazer, particular e egoísta, ao mesmo tempo em que o poder de dispor de tudo livremente e da maneira mais agradável, como essencial à prosperidade e mesmo à manutenção da sociedade". E acrescentava crer nisso com Locke, para quem "a natureza estabelece esse direito", segundo está em *The Natural and Artificial Right of Property Contrasted*, citado por Kurt Schilling, na *História das Ideias Sociais*.

O que eles não viram foi que, contraditoriamente, o trabalho que, para fazer surgir a propriedade, eles procuravam valorizar tinha a sustentação de sua dignidade fragilizada mais e mais com o próprio sistema econômico que defendiam. Esqueceram, ou não chegaram sequer a notar, a verdade irrefutável de que o capitalismo, ínsito em suas ideias, contribuiu, mais do que qualquer outro fator, para tornar críticas, pela perda da espontaneidade e da reciprocidade justa, as relações entre os seres humanos.

O empobrecimento das massas populacionais continuava, e se agravava, criando um quadro social e econômico que desarrazoava o liberalismo mesmo. Por causa disso, a própria Inglaterra, onde tanto teorizavam, viu-se obrigada a editar a chamada *Lei dos Pobres*, com o fito de prover, ao menos parcialmente, as necessidades básicas das populações desassistidas.

Foi semelhante cenário que conduziria ao aparecimento de figuras como Malthus, as quais, não obstante também enquadráveis no liberalismo, impunham-lhe o aguilhão de acuradas críticas, questionando-lhe alguns princípios, e contrapondo-se a argumentos como os de Godwin, mesmo naquilo que, em determinados aspectos, herdavam ideias smithianas, perfilhando-se em seguida a elas.

Não há correlação, insistia Malthus, entre o poder de reprodução da espécie humana e a capacidade de produção dos meios de subsistência. O naturalismo presente em toda a teoria de Smith forceja caminhos. E o faz com uma disposição que beira a tragédia. A reação malthusiana é tamanha que assombraria o mundo, por seu pessimismo. O excedente de população será tragado pela própria natureza, uma vez que ao ser humano que surge num mundo já ocupado não tem direito de reclamar um mínimo de alimento. Será enxotado do grande banquete da natureza. Sua ideia de *rendimento decrescente* é fundamental, ao lado da ideia de *progressão demográfica*. Nisso antecipa-se a Ricardo e Stuart Mill, bem como à teoria do rendimento não-proporcional. O rendimento decrescente tem, no sistema de Malthus, apoio na evidência de que, se, numa determinada terra, forem duplicadas as quantidades de trabalho e de capital, é possível obter-se, de início, uma colheita dobrada. Duplicando-se novamente as quantidades de trabalho e de capital, numa repetição, por conseguinte, da operação, já não se obterá a duplicação do rendimento. Assim, se o aumento de trabalho e de capital fizer-se na ordem de 1, 2, 4, 8..., o rendimento será experimentado apenas na ordem 1, 2, 3, 4... De fato, essa é a lei natural. Por isso, afirmava ele, o rendimento incrementar-se-á de modo cada vez menor, até chegar a um certo momento em que será nulo.

O que, em maior coro, se tem criticado na teoria de Malthus é que ele afirmou ser o aumento populacional responsável, em termos inapeláveis, pela redução da riqueza *per capita*. Não iremos discutir com demora, nesta passagem, tal argumento. Assinalamos apenas sabermos que ele é parcialmente falho, mas não chega a ser ingênuo, como o pretendem alguns. O que nos interessa é ressaltar a influência que obteve sobre a elaboração doutrinária posterior, abrangendo a teoria do fundo de salário, as formulações científicas de Ricardo e Stuart Mill, as concepções socialistas, especialmente com relação à luta de classes, a *struggle for life* de Darwin, o keynesianismo e o consequente intervencionismo estatal, entre mais teorias. O que se nos apresenta como de maior importância é que até agora Malthus resiste, se bem que não com a força inicial e o assombro que se lhe conferiu logo de saída. Seu grito de alerta ainda persiste e se o Estado prosseguisse impassível como aconselhavam antecessores seus mais fieis à tese liberalista por certo que os horizontes da Humanidade turvar-se-iam de nuvens bem mais escuras e pesadas. Ademais, em que pese às conquistas tecnológicas atuais, imprevisíveis em sua época, animadoras da produção e da produtividade, ainda testemunhamos ampla realidade de fome e de indigência absolutas sobre a face da Terra, dada a circunstância de que, ao bafejo do liberalismo mais ortodoxo, poucos acumularam riquezas em excesso, enquanto outros arquejam sem uma côdea de pão, que lhes engane a situação famélica.

Analisado, ainda que de relance, o mais ou menos aceitável pessimismo de Malthus, passemos a Ricardo. Foi também menos otimista do que Smith, certamente por ser, por igual, ou quase igual, a Malthus, numa posição que o fez também mais realista do que Smith. Sua teoria, grafamos em outro trabalho, "oferece-nos momentos de desalentador pessimismo quanto ao futuro do capitalismo. A pouca ênfase que se tem conferido a essas passagens do seu pensamento talvez se deva, em parte, à decepção que causaram a seus admiradores". Acólitos que eram, por certo, mas ganaciosamente interessados nos proveitos de uma ordem econômica pautada por uma teoria liberalista sem freios e sem piedade.

Não descria Ricardo que o progresso técnico ou, melhor dizendo, tecnológico beneficiasse o trabalhador, mas as vantagens dele resultantes em favor do último ostentar-se-iam em grau iniludivelmente menor do que os prejuízos que poderia infringir-lhes pelo espectro do desemprego. Se suas formulações a respeito da verdade objetiva criaram ensanchas ao desenvolvimento do liberalismo, há quem veja nelas, com razão, ressaibos de substrato teórico ao socialismo. Porém, só ressaibos, eis que o socialismo lhes é, na forma como discutiremos no Capítulo III, nitidamente antitético, pela insuficiência de conteúdo que lhes atribui. A meia tese do desemprego tecnológico é, em suma, a confissão de desencanto parcial com as observações smithianas, se vista para trás; ou uma previsão pouco estimulante, se olharmos para o que adviria. Outras não se poderia aguardar fossem as conclusões ricardianas. De resto, a obra do economista londrino foi escrita sob a pressão das contingências do momento histórico, ou seja, impelida pelos conflitos e entrechoques de industriais, capitalistas e produtores agrícolas, discordâncias essas que já envolviam os espoliados operários, e a opinião pública em visível escala. Em decorrência, propôs a eliminação dos tributos sobre a importação de cereais. Incursionando pela teoria da renda, antevista, aliás, por Anderson, Malthus e West – verdade que o próprio Ricardo reconhece, em seus *Princípios de Economia Política e Tributação*, mormente quanto aos dois últimos –, oferece-nos ensejo a uma análise mais acurada. E é o que passamos a fazer.

Conforme o entendimento explicitado por Ricardo, Adam Smith e outros cometeram o equívoco de não examinarem corretamente os princípios do valor econômico e da renda. De início, escreve ele caber verificar o princípio de que o valor de uma mercadoria, definido como "a quantidade de qualquer outra pela qual pode ser trocada", "depende da quantidade relativa de trabalho necessário para sua produção, e não da maior ou menor compensação que é paga por esse trabalho". Além disso, seria indispensável ter em conta o trabalho gasto em implementos, ferramentas e edifícios que ajudam nesse trabalho. Rejeita a utilidade como causa e medida do valor econômico. A relação entre valor e trabalho, que, para Adam Smith, era de concordância, para Ricardo trata-se de uma relação que se há de considerar como estrita. Associa, ainda, o capital ao trabalho, donde se infere um conceito de *trabalho* acumulado. Não há valor econômico sem trabalho. Lastimavelmente, não é possível ao operário adquirir, com a remuneração do seu trabalho, o valor deste.

No que se reporta à teoria da renda, Ricardo não consegue fugir às doutrinas fundiárias. Raciocina, portanto e inicialmente, a partir da terra. A abundância originária possibilitou ao ser humano a escolha das terras que iria cultivar. Começou, assim, pelas terras mais férteis. Como o preço de custo dessas terras não difere de uns seres humanos em relação aos outros, sendo o mesmo para todos, os cultivadores primitivos vendem seus produtos, de idêntica qualidade, por idêntico preço. Destarte, não há renda – não há lucro, diríamos, mas isso é outro assunto. A densificação populacional conduziu a que terras menos férteis tivessem de ser lavradas, já que, por abstração, as fertilíssimas já estavam ocupadas. O preço de custo dos produtos das terras menos férteis será mais elevado, pela consequência mesma de serem elas menos ricas em nutrientes. Daí resulta seja o preço de custo o regulador do preço de venda. E isso porque, em dado momento e em um mesmo mercado, só pode haver um preço único para produtos de igual qualidade. Vamos às palavras de Ricardo, na obra antes mencionada: "O valor de troca de todos os bens, quer sejam manufaturados quer consistam no produto das minas ou da terra, é sempre regulado, não pela menor quantidade de trabalho necessário para a sua produção em circunstâncias altamente favoráveis e exclusivamente usufruídas pelos que dispõem de facilidades especiais de produção, mas pela maior quantidade de trabalho necessariamente utilizado na sua produção pelos que não dispõem dessas facilidades, ou seja, pelos que os continuam a produzir nas circunstâncias mais desfavoráveis". De sorte que, se o preço de venda fosse inferior ao preço de custo dos produtos das terras menos férteis, elas não tinham como continuar sendo cultivadas. Tal não seria possível, dado que seu cultivo fora imposto pela maior demanda de alimentos originário do incremento populacional. Os que fossem proprietários de terras de melhor qualidade, ao venderem seus produtos por preços iguais aos produtos das terras de menor qualidade, obteriam um lucro suplementar, independente do trabalho e do capital empregados na produção. Assim surge a renda, a qual, uma vez criada, nunca deixará de crescer e que será o diferencial à medida que variam os preços de custo das terras de fertilidade decrescente.

Não há dúvida de que Ricardo foi precursor de Marx, demonstrando-se, com isso, mais uma vez, o acerto do pensamento hegeliano, ao afirmar que, mais cedo ou mais tarde, a ideia – tese – propende a sair de si e se torna ideia fora de si – antítese. Desse modo, a vinculação de seus raciocínios aos efeitos do trabalho e à renda por este ensejada provocará a ideia de mais-valia. Enfatizemos, também, sua preocupação com a distribuição do rendimento nacional real entre os três fatores da produção: recursos naturais, capital e trabalho.

Não seria lógico esperar que a formulação ricardiana reinasse imune às críticas destrutivas. Galbraith, com seu estilo bordado de, às vezes, fino, às vezes, pesado, humor, iria dizer, muito depois, que, no Novo Mundo, "a Economia foi revista por causa das árvores", porquanto as melhores se revelavam mais trabalhosas por causa da precisão de que, antes, fossem cortadas as florestas, a fim de que se chegasse até elas. Aludia, com certeza, entre mais riquezas vegetais, às sequoias da Califórnia.

Há quem entenda que Stuart Mill foi apenas o sintetizador dos economistas clássicos. Não está correto o entendimento. Foi ele o elo entre os clássicos, os socialistas e a produção intervencionista.

Retomando a análise da lei da oferta e da procura, adiciona-lhe formulação funcional. Substitui, desse modo, a causalidade rígida entre oferta e procura, de um lado, e os preços, do outro. Para ele, o valor dependeria, sobretudo, da utilidade e da dificuldade de aquisição. Não esquece o problema da denominada justiça social. Distingue o fenômeno da produção do da repartição. Oscila às vezes. É o que se denota quando propõe a expansão da pequena propriedade rural, tendo-a como fruto do individualismo. Inspirado em Owen, sugere a implantação e incremento das cooperativas de produção. Tenta, por conseguinte, conciliar reformas sociais com o pensamento econômico clássico. Eis o motivo de suas restrições ao direito de sucessão hereditária. Enquanto isso, apregoa, por outro lado, a plenitude do direito de alienar os bens particulares. Posiciona-se dessa forma talvez em consequência das constrições que se lhe punham na época em que viveu e escreveu. Fê-los em meio à ebulição de um tempo em que ideias e ações políticas estavam em aberto conflito. Quiçá sua própria definição de Economia Política se haja eivado dessas influências, saindo contenuísticamente incolor, embora correta, do ponto de vista lógico. Ensinou ele: "A ciência que traça as leis daqueles fenômenos da sociedade que se originam das operações combinadas da humanidade para a produção da riqueza, na medida em que aqueles fenômenos não sejam modificados pela procura de qualquer outro objeto" é o que se pode designar Economia Política, segundo podemos ler em seu *Da Definição de Economia Política e do Método de Investigação Próprio a Ela*. De fato, para comprovar a efervescência do período que atravessou, é bastante lembrarmos que morreu em 1873 e que sua obra capital foi publicada em 1848, justamente no ano em saía o *Manifesto Comunista*, de Marx e Engels, e era proclamada a República na França, após as ruas inflamadas haverem levado Luís Felipe a abdicar o trono.

Apesar de somente no próximo capítulo pretendermos dissertar acerca da antítese socialista, inexiste como fugir, agora, a algumas ponderações que soam a Saint-Simon e ao positivista Comte. Porém, têm a ver especialmente com a teorização de Bentham, é de admitirmos. Assim como é de admitirmos igualmente que não se cuida, de maneira específica, de Ciência Econômica e sim de lampejos filosóficos mais largos. De uma forma ou de outra, não temos como deixá-los de lado.

Para Bentham, a felicidade de um ser humano dependerá, antes de mais nada, de campos de sua conduta nos quais só ele mesmo tem interesse. Depois, dependerá daqueles setores de sua conduta que venham a ter algo com a felicidade dos outros. Dessa maneira, a felicidade desse ser humano, bem assim a felicidade de quaisquer outros cujos interesses estejam em jogo, na proporção em que depende daqueles campos de sua conduta que possam afetar os interesses dos que o circundam, resulta no trato conferido a sua obrigação em relação a outros. Assim sendo, assevera Bentham em seu *Uma Introdução aos Princípios da Moral e da Legislação*, "não existe nenhuma ocasião em que uma pessoa não tenha alguns motivos para promover a felicidade de outras. (...) Todo ato que promete ser benéfico, em seu conjunto, para a coletividade (incluindo a própria pessoa), todo indivíduo deve praticá-lo por si mesmo; todavia, o legislador não tem o direito de impor à pessoa individual a prática de cada um desses atos. Analogamente, todo ato que promete ser prejudicial, em seu conjunto, à coletividade (incluindo a própria pessoa), todo indivíduo deve abster-se dele por si mesmo; entretanto, daqui não segue que o legislador tenha o direito de proibir à pessoa individual a prática de cada um desses atos".

Carece de profundidade a análise utilitarista de Bentham. Identicamente superficial é seu desejo de quantificar a felicidade. Tampouco a tentativa egoísta de um prazer pessoal levará todos à felicidade, num sentido social. Não podem, de igual modo, deixar de ser tidas como apressadas as conclusões que ele tira do ama-a-teu-próximo-como-a-ti-mesmo. Ou da força de cada um no aplicá-lo. Os ensinamentos da Bíblia não contêm, como pretendiam os pensadores utilitaristas, o sentido da doutrina que professavam, pois largava a justiça ao critério de cada um. No texto bíblico, assim não é. Justiça é quase sinônimo de santidade. "Sois sumamente justo, Senhor..." – Jeremias, 12, 1. "Pai justo, o mundo não te conheceu..." – João, 17, 25. "Assim, digo eu, ele manifesta sua justiça no tempo presente..." – Romanos, 3, 26. "Tu que és justo, tu que és e que eras o Santo, que assim julgas". Apocalipse, 16,5. A justiça de Deus nos é comunicada, consoante está em Romanos, 3, 21-26. E ainda: pela justiça, Deus dá a cada um o que lhe é devido e não o que lhe é útil. Pela justiça se guarda equidade e fidelidade com o próximo. "Portanto nós nos desgarramos para longe da verdade: a luz da justiça não brilhou para nós e o sol não se levantou sobre nós! Nós nos manchamos nas sendas da iniquidade e da perdição, erramos pelos desertos sem caminhos e não conhecemos o caminho do Senhor! O que ganhamos com nosso orgulho, o que nos trouxe a riqueza unida à arrogância? Tudo isso desapareceu como sobra, como notícia que passa." – Sabedoria, 5, 6-9. "... e o Senhor dos exércitos triunfará no juízo; o Deus santo mostrar-se-á fazendo justiça" – Isaías, 5, 16. "Eis o que diz o Senhor: respeitai o direito e praticai a justiça, porque minha salvação não tarda a chegar e minha justiça a revelar-se." – Isaías, 56, 1. Ainda encontramos algo semelhante em Isaías, 59, 16 e seguintes. Em Daniel, 9, 7, lemos ainda respeito da justiça bíblica. A mesma preocupação com a justiça enquanto algo provindo do justo juiz está estampada em outras passagens, diferentemente daquilo advindo da utilidade, sem o teor de equidade, bondade e misericórdia, estas que são características da própria bondade divina. "Ele mesmo julgará o universo com justiça, com equidade pronunciará sentença sobre os povos" – Salmo 9, 9. De igual modo, no Salmo 95, 10.13. Em Isaías, 11, 3 e seguintes. Nos Atos dos Apóstolos, 17, 31. No Apocalipse novamente, 19, 11. No Primeiro Livro dos Reis, 3, 6. E, finalmente, em Provérbios, 2, 8 e seguintes, e 8, 20.

Ama o teu próximo como a ti mesmo. É induvidosa lição da Bíblia, não o negamos. Entretanto, os utilitaristas a distorcem. Como a ti mesmo, raciocinariam eles, distanciando-se dos ensinamentos do Livro Sagrado ao abraçarem a conclusão de que, "de início começar por se amar a si mesmo, antes de poder amar os outros". Aqui existe apenas algo correto sob os ângulos cronológico e de axiologia individualista. Contudo, amar *antes* a si mesmo não significa amar *mais* a si mesmo do que ao próximo. Não é uma questão de ultrapassagem. É-o de igualdade. Numa interpretação mais profunda e meditada, concluímos que se cuida, aqui, daquilo vinculado à preocupação com próximo. Com a coletividade. Em termos hodiernos, podemos assinalar que o problema tem seu fulcro na justiça, que há de ser buscada, com *amor*, pelo Direito. A ponte que leva à idolatria do útil preponderantemente individual é o egoísmo. A falta de amor, portanto. Chegam os utilitaristas perto da moldura que seria debuxada pela teoria petrasizkyana, a despeito de não acreditarmos que, dado o egoísmo humano, a verdadeira justiça possa ser alcançada sem a intervenção, estatal ou social, na ordem econômica. Mas isso é assunto para mais adiante, cabendo-nos afirmar, por agora, que o gozo egoísta de bens facilmente adquiridos ou aumentados por uma superioridade no controle dos meios de produção tende a tornar-se, para eles, em condições várias, o intuito supremo, levando ao esquecimento de outros aspectos, entre os quais, a liberdade mesma, tão decantada pelo liberalismo em todas as suas facetas e manifestações.

A Ciência Econômica liberalista, pelo menos em sua formulação clássica, passou ao largo de determinados cuidados com a macroeconomia, do que é exemplo o quanto seus seguidores descuraram a extrafiscalidade, em meio a demais princípios de idêntico relevo. Se procuraram ater-se a alguns efeitos macroeconômicos dos gastos públicos e de certos tributos, fizeram-no incidentalmente e sem mais atenta observação disso, pelo menos em grau de estimulá-los a uma sistematização.

O liberalismo era, dessa forma, uma teoria frágil. Para não nos alongarmos além de uma única constatação, rememoramos que o *princípio da capacidade* é uma confissão desse nosso entendimento, seja como significado real da igualdade, seja porque não tomaram os adeptos da escola os indispensáveis cuidados adicionais no que tange à possibilidade da translação dos tributos ou porque não perceberam que a capacidade de pagamento não pode ser mensurada apenas em termos absolutos. Por esse e outros motivos, talvez a crítica de Myrdal em *El Elemento Político en el Desarollo de la Teoría Económica*.

Não há esquecer, todavia, que algumas facetas do liberalismo econômico hão de ser vistas sob o prisma do momento em que nasceram e do ambiente em que prosperaram, ao nível do que já advertimos em outras passagens deste trabalho. Naquela época, ajustavam-se não à realidade econômico-social. Faziam-no tendo em vista as ideias do sistema liberalista como um todo e à luz das propensões democráticas que então floresciam aos moldes do esforço de ganhar dinheiro. Tanto era assim que, na França, Bastiat e, na Inglaterra, Senior, visualizaram, em parceria com outros, o fenômeno financeiro como um simples fenômeno de trocas. Destarte, no pensar dos liberalistas mais ortodoxos, o Estado não deveria ir além das tarefas de cuidar da defesa exterior, da segurança e do que eles entendiam como justiça interior, e de alguns serviços e instituições estritamente públicos, relacionados com a educação da juventude e com a instrução. Adam Smith sugeria que os ingressos individuais tivessem origem em três fontes diferentes, as rendas, benefícios e salários, o que leva à conclusão de que os tributos devessem ser cobrados de uma ou de outra dessas fontes, ou das três indistintamente.

Como vimos, o germe do combate ao liberalismo nutriu-se em seu próprio seio. Vimos as primeiras manifestações de inquietude nas formulações de Malthus e Ricardo. De igual modo, as tentativas conciliatórias de Stuart Mill. E até em Adam Smith deparam-se-nos passagens que, não obstante escritas com diferente finalidade, são indicativas da necessidade de ações corretivas das distorções do mercado, ao afirmar que "não é por generosidade que o homem do talho, quem faz a cerveja ou o padeiro nos fornecem os alimentos; fazem-no no seu próprio interesse". Tendo em vista isso, se o fazem em seu próprio interesse, quanto mais puderem ganhar dos outros seres humanos mais ganharão, pois a desejabilidade econômica é ilimitada.

A contrariedade ao liberalismo rebenta das mais diversas fontes. Não por ter sido liberal, mas por ser liberalista, isto é, ter marcado em si, teoricamente, o individualismo exacerbado que apregoava. Tingiu-se de insensibilidade, ao assumir, em face da coletividade, uma posição que a punha de somenos importância, frente aos anseios individuais de enriquecimento. Todas as correntes que se lhe seguiram brandiram esse ataques. Mais cautelosas umas. Mais penetrantes outras.

O papa Leão XIII, numa alusão às influências do liberalismo sobre as convulsões sociais do século XIX, dirá, condenando aquele, embora numa observação um tanto invertida, porque o processo de influência se deu ao contrário: "A violência das revoluções políticas dividiu o corpo social em duas classes e cavou entre elas um imenso abismo. Dum lado, a onipotência na opulência: uma facção que, senhora absoluta da indústria e do comércio, torce o curso das riquezas e faz correr para o seu lado todos os mananciais; facção que aliás tem na sua mão mais dum motor da administração pública. Do outro, a fraqueza da indigência: uma multidão com a alma dilacerada, sempre pronta para a desordem". A "desordem" apontada na *Rerum Novarum* não foi nascida na multidão espoliada, mas na espoliação da multidão extorquida pela teoria e prática liberalistas. Não obstante uma coisa é verdadeira. O pensamento e a *práxis* liberalistas conseguiram um encontro aparentemente impossível: a aproximação entre a inteligência de Leão XIII e a postura filosófica de Marx, mesmo sendo indiscutível que o primeiro jamais aderiu – e o fez acertadamente – ao segundo. Quem atesta essa aproximação é ninguém menos do que Giordani, autorizado estudioso da *Rerum Novarum* e insuspeito ideologicamente. Por isso que assinala, no prefácio da encíclica, haverem Marx e Leão XIII, "partindo da estridente desigualdade econômica entre plutocracia e proletariado", querido, ambos, realçar a sorte dos operários, oprimidos pelo liberalismo econômico, "que consagrava a opressão dos mais fortes sobre os mais fracos ou se desinteressava da luta social".

O malfadado neoliberalismo procuraria reacender a chama. Porém, como já prevíamos em 1980, sua sorte não viria a ser promissora. A ânsia de ganhos desnortearia, mais do que nortearia, os mercados, a menos que se cuidasse de pôr freios à acumulação de riquezas, diminuindo ou até anulando o poder aquisitivo de muitos, em benefício de poucos. Seria em vão o esforço científico de Mises, Robbins, Hayek, Baudin, Lippmann, Rougier, Dotoeuf, Rueff e outros. E, de fato, o foi, nos termos do que testemunhamos hoje relativamente às economias americana e europeias.

Capítulo III
A ANTÍTESE SOCIALISTA NA ECONOMIA

1. Antecedentes doutrinários. 2. O socialismo utópico. 3. O socialismo científico ou marxista. 4. O socialismo pós-marxista.

1. Antecedentes doutrinários

Antes mesmo de se traçarem as linhas das primeiras manifestações liberalistas, já havia pensadores inquietando-se com uma formulação que, séculos depois, ressurgiria, em moldes mais delineados, sob a forma socialista. Para confirmá-lo, é suficiente lembrarmos a oposição platônica à propriedade privada. Ainda não era uma antítese perfeita, já que a tese sequer se perfizera. Mas toda tese traz em si, pelo menos, uma vocação para sua antítese. Esta, por seu turno, mantém-se timbrada de sombras hauridas na tese que a suscitou.

Já se antecipam, desse modo, os contornos de uma reação que podemos agrupar de dois modos, abstraídas as diversas tendências internas que cada um desses grupos tenha podido comportar. Em primeiro lugar, reações socialistas à propriedade privada como instrumento jurídico do liberalismo. Em segundo lugar, oposições fora do contexto socialista que não buscam o afastamento da propriedade privada, porém se batem contra o excesso de liberdade econômica defendido pelos liberalistas.

Thomas More, hoje canonizado, dá cores nitidamente socialistas aos critérios de produção e repartição imaginados para os utopianos. Escreve em *A Utopia*: "A quantidade de víveres necessária ao consumo de cada cidadão e de seus territórios é determinada de maneira mais precisa. Não obstante, os habitantes não deixam de semear o grão e criar gado, muito além das necessidades do consumo. O excedente é posto em reserva para os países vizinhos". E depois: "Quanto aos móveis, utensílios domésticos e outros objetos que não podem ser encontrados no campo, os agricultores vão procurá-los na cidade. Eles se dirigem aos magistrados urbanos, que lhes mandam entregar sem remuneração nem atraso". O coletivismo utopiano ocupa-se inclusive da divisão do trabalho e da decisão quanto aos rumos profissionais do cidadão. "Deixa-se-lhe a liberdade de exercer a que melhor lhe convier, a menos que a cidade não lhe designe uma por motivo de utilidade pública."

Na segunda metade do século XVIII, elaboraram-se muitas formulações de cunho socialista. Morelly responsabilizaria a propriedade privada por todos os males encontráveis no corpo social, uma vez que entendia tornar ela impossível a igualdade entre os seres humanos. Mably vê na organização social do seu tempo a fonte de muitos transtornos inerentes às diferenças entre os seres humanos. Sugere um sistema socialista amplo, a ser implantado por etapas sucessivas. Warville, impressionado com o rigor das penas cominadas por causa do furto e do roubo, proclama uma opinião, que seria depois ratificada por Proudhon, no sentido de que "a propriedade exclusiva é o roubo". Tamanha veemência levaria Warville, quando deputado à Convenção Nacional, à guilhotina. Aliás, Thomas More também pagou com o martírio a defesa de suas ideias. Já Baboeuf via a liberdade política como algo irrisório e vão. Igualmente, este morreu por conta de seus ensinamentos, difundidos especialmente pelos integrantes da Sociedade do Panteon, que polarizava seus adeptos, a qual, dissolvida, ocasionou a Conspiração dos Iguais. Esta, delatada, foi a causa de sua morte.

2. *O socialismo utópico*

O que levou muitos intelectuais ou líderes de massas a se ocuparem das ideias socializantes da economia foi a preocupação com os desníveis existentes, para o que a planificação e a eliminação da propriedade privada e da livre concorrência poderiam ser o remédio. No entanto, sua primeira fase, pré-marxista, conquanto reforçada de entusiasmo, padecia de visão pragmática. Encastelou-se em posições frequentemente ilusórias e *utópicas*, palavra advinda de *topos* – lugar –, a que se acresceu a negação, visando-se, com isso, ao entendimento de que se cogitava de algo insuscetível de ser praticado em algum lugar. Um lugar inatingível. Porque não existe. Simplesmente. Por via de consequência, o vocábulo terminou por adquirir sentido pejorativo, que não estava em Thomas More e tampouco nos utopistas que comentaremos a partir de agora.

Os utopistas foram, de início, espiritualistas e voluntaristas. O que não os impediu de serem associacionistas, no desejo de afastarem a livre concorrência, mas sem supressão da liberdade. A célula econômica do liberalismo, isto é, o indivíduo humano, seria substituída pela associação. Transformar-se-ia o ser humano – desejavam-no – sob a influência da nova realidade ambiente. O associacionismo dividiu-se, aqui, em duas correntes. De um lado, a corrente associacionista liberal. Do outro, o associacionismo autoritário.

No grupo dos associacionistas liberais, laboraram Owen, Thompson, Cabet e Fourier. Vejamo-los, um a um.

Owen envidou todos os esforços com vistas ao equacionamento dos problemas sociais e econômicos de seu tempo. Cuidou da atividade industrial. Preocupou-se com a formação dos operários que lhe eram destinados. Tentou convencer outros industriais a se pautarem por seu exemplo. Desiludido da probabilidade de os sensibilizar, a fim de que, por iniciativa deles, o quadro pudesse modificar-se, interessou-se por despertar o governo de seu país e de outros países. Conseguiu influenciar a aprovação, na Inglaterra, de regras menos desumanas para o trabalho. Assim é que viu fixada, por lei, a idade mínima de nove anos para a admissão de crianças ao trabalho. Obteve o estabelecimento de "apenas" doze anos como duração da jornada laboral. Infelizmente, os benefícios com a lei que aprovou essas pálidas alterações não apresentou resultados. Estes foram quase nulos. Assim mesmo implicava ver grafado em lei um pequeno passo, numa matéria à qual a legislação voltava as costas. Em 1824, criou, em Indiana, nos Estados Unidos, a *New Harmony*, que fracassa após somente dois anos. Volta a Londres. Intenta organizar melhor suas ideias. Conclui que o lucro é o mais daninho vício da economia, pois expressa a desigualdade. Ademais, imiscui-se no preço de custo, obstando ao empregado a aquisição do produto de seu próprio trabalho. É mais uma antevisão do conceito de mais-valia, que muitos outorgam, indevidamente, a Marx. Owen não se dá por satisfeito. É persistente. Essa diferença acarretada pelo lucro decretará, infere ele, o subconsumo, e este, por seu turno, inevitáveis crises. Maravilhosa premonição! Propõe a criação dos *bônus de trabalho*, por julgar ser a moeda a materialização do lucro, de modo que o sistema de *labour notes* suprimi-la-ia. Temos, aí, uma ideia confusa.

Definitivamente, o saber científico oweniano não era dos mais apurados. O lucro não tem relação necessária com o instrumento das trocas. Tanto que, numa simples operação de escambo, ele pode estar presente. E mais. O critério de estabelecimento do "justo" preço é facilmente manipulável pelos detentores do controle dos fatores da produção de riqueza. Cientes disso, eles dispõem de como, a seu alvedrio, supervalorizar, sem maiores óbices, seus produtos. Isso conduziria à inutilidade a bolsa de trocas imaginada e criada por Owen, em que pese a ser ela algo que, temerariamente, apontamos como traçado na direção das hodiernas bolsas de mercadorias e de valores.

Thompson foi discípulo de Owen. Em termos doutrinários chegaria a superar o mestre. Somente em termos doutrinários, pois seu esforço com vistas a implantar alguma coisa que servisse de reflexo ou fosse resultado prático de suas ideias manteve-se longe de atingir o esforço oweniano.

Sob o ângulo do esforço individual no sentido de implementar seus raciocínios, bem mais longe iria Cabet. Exilado em Londres, como efeito de sua atividade política relativamente intensa na França, presencia, em posição de observador privilegiado, o evolver da Revolução Industrial, esta que nasceu nos arraiais da Filosofia de Francis Bacon e se espraiou ante os olhos, então ociosos, de Cabet, e perante sua razoável base intelectual. Seu ócio, contudo, não foi total. Vai enfronhando-se nas obras de Thomas More e de Owen. Parte, decidido e a exemplo do que já fizera em seu país natal, sobretudo pela imprensa, para um trabalho de doutrinação escrita. Publica a *Voyage en Icarie*. Deixa patente, de logo, que considera a vida o primeiro direito, e reputa o trabalho o primeiro dever. Como depõe Petitfils, em *Os Socialismos Utópicos*, afirma: "A cada qual segundo suas necessidades. – De cada qual segundo suas forças", eis o complemento à epígrafe. E continua Petitfils: "Como a maioria dos utopistas de sua geração, Cabet não distingue a reforma social da democracia, nem esta das tradições da Grande Revolução. Para ele, o sufrágio universal, a educação popular, o direito ao trabalho constituem etapas para a fase final da sociedade: a comunidade ou comunismo." O homem é bom. Os males defluem da má organização social. A Icária estava destinada, por força disso, a consubstanciar a almejada correção, porquanto a verdadeira democracia reside na comunidade dos bens. Esquecendo que os bônus de trabalho também eram instrumento padrão de trocas, crê na ausência da moeda enquanto fator de igualdade, por si só. Erro que se aproxima da simples primariedade.

A igualdade icariana é a igualdade por baixo. A igualdade dos desgraçados. Dos esmagados. Aniquilados. O grande erro de Cabet foi não observar, talvez até porque não o pretendesse, que o Estado não existe pelo Estado. O poder político não se justifica pelo poder político em si mesmo. Em sua sociedade imaginária, ele mesmo teria sido tragado por suas ideias. A publicação de livros exigiria autorização estatal. A arte seria instrumento de desígnios políticos. Não se admitiria oposição. A eugenia, implantada, a fim de que nascessem "crianças belas". O poder do Estado, de tão perigoso que é, não precisou chegar a tanto para levar de roldão a felicidade de quem o preconizara assim tão forte: o próprio Cabet morreu sob o anátema do poder político, insuflado por ambições que o indigitaram até de estelionatário. Morreu em injusto holocausto a suas ideias.

Sua Icária foi um monstro no ardor teórico. E, na prática, não passou de um pigmeu. Pouco tempo suportou, em sua tentativa americana, sob o autoritarismo de seu idealizador e chefe, uma vez que somente subsistiria numa unidade pétrea. Jamais aguentaria qualquer solavanco que a fragmentasse, ou mesmo apenas ameaçasse fazê-lo. Isso tudo porque ele esqueceu existir também o poder social, em cujo nome tudo se há de procurar construir. Sem a ele atentar, os condimentos políticos e econômicos, por mais bem intencionados que o sejam, podem concorrer para a efervescência da inquietude e da convulsão. O caldo dos artificialismos, sustentáveis unicamente pela força, resvalam pelas ladeiras escorregadias dos esforços apressados, pois desprovidas da argamassa que cimenta a justiça e torna efetiva a paz. A elaboração teórica cabetiana foi longe demais. Imiscuiu-se em recantos desnecessários e até condenáveis. Deixou de lado a verdadeira percepção de que a dignidade do ser humano guarda em si mesma recônditos inconciliáveis com os apetites do poder estatal, seja qual for o nome que este ostente. À Icária teria bastado preocupar-se com as injustiças socioeconômicas e seus efeitos. Não precisaria de haver tentado poder tamanho e tão abrangente. E Cabet, certamente, teria tido mais êxito, ou menos fracassos. E redundaria mais comodamente posto entre os associacionistas *liberais*.

Contemporâneo de uma geração fértil em utopias, pois nascido em 1772, no ano seguinte ao nascimento de Owen, e apenas doze anos mais jovem do que Saint-Simon, dotado de uma insuperável aversão à atividade comercial, conquanto condenado a viver como partícipe dela, Fourier tinha tudo para ser um insatisfeito com os horizontes de seu tempo. E o foi. Não aceitava a quadratura filosófica, social, política e econômica de seu ambiente. Filho de Besançon, não seria, contudo, aí que se desenharia ante seus olhos, no estabelecimento comercial de seu pai, toda a miséria dos tecelões. Esta, que marcaria profundamente seu espírito arguto, desvendar-se-lhe-ia em Lyon, onde se fixou e teve oportunidade de presenciá-la e observá-la em toda sua crueza.

Na concepção fourieriana, as paixões acionam o esforço humano, mas não raro descambam em vício. De início, as paixões são interessantes. Entretanto, a propriedade privada opõe-lhes barreiras, tornando o meio econômico e social anárquico e fragmentado. No primeiro caso, porque a concorrência dá margem a abusos e explorações. No segundo, em razão de as dispersões ocasionarem baixo rendimento do trabalho e desperdício de recursos humanos e naturais. Seria preciso, assim, transformar o meio ambiente. Numa época de extremo prestígio do fisicismo, leva para a sociedade os princípios newtonianos da gravitação universal, supondo a sociedade também sujeita, em termos gravitacionais, à atração moral das paixões. Enlaça a sociedade com a cosmogonia, portanto. Ou com a mecânica celeste, pelo menos. Redundaria tudo isso, achava, numa associação universal e livre, que somente se não misturaria com o naturalismo liberalista em decorrência de uma fímbria quase paradoxal, a nosso ver: ao invés do individualismo, o associacionismo, ideia que, se raciocinarmos corretamente, induz a evidente voluntarismo, tal qual o individualismo liberalista o fazia, mas com a diferença de se chocar com o determinismo naturalista, ideia a que tanto Fourier quanto os liberalistas se aferravam. Apesar disso, a elaboração teórica fourieriana tem momentos de notória lucidez libertária. É o que se verifica quando apregoa a transformação jurídica por intermédio do livre consenso. Sem discutir as possíveis dificuldades desse cometimento, cabe pôr de manifesto o aceno implícito à força da ação social, a ser traçada pela superestrutura jurídica.

A implementação dessas ideias vai transparecer em seu projeto do *Falanstério*. Os critérios para a constituição deste é que suscitam algumas dúvidas. Dele ninguém seria obrigado a participar. Seria voluntária a união de capitais, terras e trabalho. Eis aqui a inviabilidade e a contradição que acompanhariam o Falanstério. Inviabilidade oriunda do fato de que tal união, por si só, exigiria desapego evidente dos interesses econômicos. Contradição porque, mesmo se alguns atendessem ao "convite" para integrá-lo, o Falanstério ficaria insulado, atomizado em meio ao restante de um mundo bafejado de capitalismo, com todos seus reflexos sobre a produção e a distribuição da riqueza, pois não é razoável admitirmos que todos viessem a participar do Falanstério. E não era contra a atomização decorrente da propriedade privada e da ganância capitalista que Fourier assestava suas baterias? Na verdade, é bom lembrarmo-nos de que a repartição do produto do trabalho até que foi bem imaginada. Contudo, não precisamos comentá-la dada a morte embrionária do Falanstério mesmo.

Nunca é demais repisar que os utopistas associacionistas queriam eliminar o postulado liberalista da livre concorrência, mas sem esmagar a liberdade. No entanto, alguns exageraram em seu fervor mudancista, como já vimos em Cabet, só a muito custo enquadrável como associacionista liberal. Semelhantemente, ocorreu com Louis Blanc, decididamente autoritário. Houve incoerências, por conseguinte.

Blanc via na pressão autoritária do Estado a oportunidade de melhorar, ao mesmo tempo, a sorte dos operários e da burguesia. Tinha por indesejável a constituição de monopólios de fato, reconhecendo, porém, que a propriedade privada estava ao nível de direito natural, do que inferia dever caber a todos. A produção dar-se-ia nas *Oficinas Sociais*. A repartição seria realizada segundo o princípio da igualdade dos salários, sem levar em rigorosa consideração a capacidade de cada um. A circulação da riqueza fica insuficientemente definida na formulação de Blanc, mas, no pouco que foi delineada, resulta entrevista a criação de entrepostos e a presença do Estado, substituindo o mecanismo dos preços e a lei da oferta e da procura.

Blanc ousou desafiar o poderio da livre empresa. Não o temia, no confronto com a oficina social, uma vez que entendia fosse a produção associada bem mais superior, tanto porque o consumo em comum oferecia maior economia de escala, quanto porque os operários atuariam com mais eficiência nas oficinas sociais, interessados que estavam em seus resultados positivos.

O problema tributário não lhe passa despercebido. Prevê a intervenção também no campo financeiro, na medida em que as liberalidades do Estado agravassem os impostos. Isso levaria a uma carga impositiva maior sobre as empresas concorrentes, circunstância que, ao lado de outras apontadas pelas ideias de Blanc, propiciaria às oficinas sociais sobrepujar as demais entidades empresárias, redundando, assim, toda a produção a cargo de uma única e colossal associação. Apela, pois, ao Estado para que venha organizar a vida econômica e social, devendo a entidade estatal usar de autoridade para equacionar determinados aspectos, como a fixação das quantidades e os valores dos produtos trocados. Aqui, desponta, sem dúvida, ao nível de mais um dos precursores de Marx, tratando dos efeitos da livre concorrência, da concentração capitalista da riqueza e da crescente proletarização.

O utopismo não ficou só nisso. Apresentou um ramo, de características bem pronunciadas e específicas, em Saint-Simon, propugnador de notável estatura, em virtude do que influenciou pensadores como Comte, Bazard, Pacquer e, mais uma vez, o próprio Marx. O saint-simonismo, conquanto encerrando pontos que, por certo, não repugnariam ao socialismo marxista, dele se distancia, de maneira evidente, ao ver na indústria a perspectiva de união do ser humano dotado de saber científico com o trabalhador e o empresário. E mais. De acordo com o ensinamento de Schilling, em sua *História das Ideias Sociais*, "Saint-Simon certamente notou que a hierarquia desenvolvida pela economia liberal e pelo sistema de propriedade, juntamente com restos de feudalismo na vida política dos Estados nacionais de seu tempo, não era satisfatória sob todos os aspectos. Contudo, a esse respeito, não esperava a salvação da humanidade por uma nova revolução ou por uma cisão de classes, mas (de modo quase semelhante à utopia de Bacon) unicamente pelo estabelecimento universal do 'positivismo' da ciência, da técnica e da indústria. Isso leva normalmente, em oposição aos socialismos pequeno-burgueses de Proudhon, Fourier, Owen e outros, à grande indústria, à concentração de capitais e até à formação dos trustes, como seu discípulo Pacquer mais tarde assinalou".

Saint-Simon busca a reforma da produção no seio da própria produção. E, sendo produtivista, procura desenvolver a ideia de eficiência. A finalidade do ser humano, viria a ser, não a liberdade, que constitui uma noção negativa. O destino do ser humano seria o de produzir coisas, noção positiva. O sistema, suscetível de assegurar a felicidade, seria deduzido da lei da evolução, que é o progresso, e da lei da organização necessária, que é o industrialismo, pensava ele.

Coletivista, Saint-Simon não descobre razões ponderáveis que justifiquem o direito à sucessão hereditária. Pelo contrário, aponta-o como causa desorganizadora da ordem jurídica mesma. O saint-simonismo é autoritário, mas não é estatalista. Para essa doutrina, o Estado não passa de uma fachada. Perdeu, aqui, a oportunidade de clarear melhor o papel do poder social, pois poderia tê-lo feito com mais ênfase ou de moldes mais concatenados, distinguindo com mais perspicácia entre poder e governo. Com efeito, é certo que as elites são imprescindíveis na direção do processo, mas não apenas as elites governantes. Mesmo abstraindo a orientação econômica desenhada por Saint-Simon para suas três Câmaras, colocando inclusive os intelectuais numa relação de dependência perante os projetistas, e todos esses vinculados aos industriais, é de se estranhar seu autoritarismo elitista num conjunto teórico que se desejava socialista. O apelo à fé, constante do sistema, é insatisfatório, em razão do que o problema do acesso ao poder político-industrialista, ou seja, ao poder econômico, continua sendo a grande falha do saint-simonismo em geral. Em suma, serviria mesmo era ao fortalecimento da burguesia.

Por fim, já que não é necessário analisar outras utopias socialistas menores, vamos a Proudhon e a seu socialismo de trocas, notadamente no que se contém em *Qu'est-ce que la Propriété?*
A propriedade é, segundo Proudhon, o fundamento da sociedade. A um só tempo, para o bem ou para o mal; para a justiça ou para a injustiça. Comporta vantagens e desvantagens. E isso, para o socialismo cambista proudhoniano, nada ostentava de contraditório, porquanto o bem e o mal, a justiça e a injustiça são inseparáveis. A propriedade "é o roubo", mas é também a liberdade. E esta última acompanha o proudhonismo em toda a sua extensão, pois é uma doutrina que busca sempre a liberdade – às vezes por estradas ínvias. Oferece combate aberto aos socialistas autoritários. Visa à liberdade com propriedade, que é roubo, repitamos. Com direito à sucessão hereditária, que é meritória. Contradição? Supõe o socialismo de trocas que não o é. Entende que é preciso raciocinar em termos do sistema doutrinário. Não em termos de contradição interna ao sistema mesmo. Hugon, na *História das Doutrinas Econômicas*, explica-o com clareza e precisão: "Mas, por sua própria natureza, pela sua contradição interna, a propriedade, instituição de justiça, é também uma instituição de 'roubo'". O que se torna propriedade de um homem é retirado de um fundo comum a todos. Daí implicar a existência de um patrimônio privado uma redução das possibilidades de apropriação desses mesmos bens por parte de todos os demais. E, quando não for possível essa apropriação, nada mais restará a quantos chegarem por último, senão o recurso de se dirigirem aos titulares desse direito, a fim de lhes tomar por empréstimo os meios de produção. E este empréstimo é oneroso: o juro – isto é, o aluguel, a renda e o juro propriamente dito – é pago pelo homem mediante a cessão de parte de seu trabalho aos proprietários. Eis a contradição interna da instituição: princípio de justiça na medida em que assegura a liberdade, transforma-se a propriedade em princípio de injustiça, uma vez que, não garantindo a igualdade, despoja o homem de parte de seu trabalho. Esta parte vai constituir uma renda sem trabalho, para o proprietário que a recebe. Trata-se de um verdadeiro abuso de direito ou privilégio sobre o qual assenta a propriedade. Eis por que se pode afirmar, segundo Proudhon, ser "a propriedade um roubo". Para Proudhon, o remédio não estaria no liberalismo, nem tampouco no comunismo, eis que "la propriété, c'est l'exploitation du faible par le fort, la communauté, c'est l'exploitation du fort par le faible".

Qual a saída, então? Proudhon responde que esta consistiria na evolução mesma da sociedade, obtendo-se, ao final, a síntese hegeliana entre a propriedade privada – tese – e o princípio comunitário – antítese.

Todavia, não é exclusivamente assim. Nem tal se fará nos termos estritos do que ele prevê. Demonstraremos como se fez essa síntese no próximo capítulo.

Mas, voltemos a Proudhon. O equilíbrio dar-se-ia pelo princípio da posse, entendida esta como a instituição que ensejaria a cada um manter a propriedade privada do produto integral de seu trabalho, excluindo-se, pois, do conceito tradicional de propriedade seu vício básico: o rendimento sem trabalho. O crédito gratuito seria, em consequência, mola importante no esforço de sacar fora do sistema a figura indesejável e viciada desse rendimento sem trabalho. Ninguém contrairia empréstimos remunerados mediante juros e, ainda que alguns capitalistas insistissem em oferecê-los a juros, a tendência seria no sentido da completa inaceitação final de tais empréstimos. Todos se apropriariam, assim, dos frutos de seu trabalho, restabelecendo-se a justiça por causa da igualdade das trocas e da reciprocidade.

Como já vimos de permeio à exposição mesma das ideias proudhonianas, o socialismo utópico cambista padece de óbvia fragilidade. Basta examinar a ideia dos bônus de troca, que seriam emitidos e descontados pelo banco de trocas. Revelar-se-ia praticamente impossível garantir a estabilidade do valor do bônus. Levantemos, para esclarecer, a hipótese de não serem as letras de troca transformadas, de pronto, em mercadorias. A quantidade de bônus em circulação superaria a riqueza real. Desencadear-se-ia o fenômeno inflacionário. Os seguidores da corrente poderiam contrapor o argumento de que os membros da associação seriam escolhidos com extremo rigor. Mas quem garantiria esse rigor? E mesmo que fosse ele assegurado, quem aferiria a justiça dos critérios adotados? A elite governamental? Não, uma vez que Proudhon profetizava o desaparecimento de todos os governos, por desnecessários, já que a implantação da nova "ordem política" seria perfeita. A sociedade? Também não, porque, sendo rigorosos os critérios de escolha dos membros do banco de trocas, isso importaria numa limitação inafastável do número dos membros do banco. Para complicar cada vez mais o quadro, ter-se-ia a circunstância de que o próprio mutualismo já provocaria um estreitamento na adesão ao sistema, pelo menos de início. E ainda: ficaria sujeito às desconfianças que qualquer solavanco ocorrido com o sistema suscitaria. Também – e, de certo modo, por isso mesmo –, se, de início, a associação já não comportaria muitos, não haveria razoável esperança de que aumentassem seus adeptos, pois o controle efetuado em seu âmbito marcharia no sentido inverso, isto é, da redução, eis que inexistiria a certeza de que a associação aprimorasse os seus integrantes.

Pelo contrário, poderia até os perverter, por força da desejabilidade humana, a qual teria mais probabilidade de se esboçar ao sopro dos entrechoques de interesse dentro da associação.

Talvez coubesse a Proudhon ter mais em consideração o papel das elites dentro de seu sistema. Outrossim, caber-lhe-ia raciocinar com mais uma dose de otimismo quanto às funções reguladoras do Estado. E não, como fez, preconizar sua gradativa eliminação, pois não é pelo fato de se chamar Estado, ou seja lá como se chamar, que uma instituição deixa de estar presente na vida do ser humano. Desaparecido o Estado, com este nome, substituir-se-lhe-iam as regras da associação mesma, ou de outra entidade congênere, de sorte que haveria, de qualquer forma, abstencionismo ou intervencionismo. Na verdade, aliás, a abstenção é uma forma de intervenção. A intervenção pelo silêncio e pela inação, deixando as coisas caminharem por si mesmas e, assim, petrificarem-se as situações existentes, de injustiça ou não. Ademais, se a postura da entidade fosse abstencionista, nada nos impede de crer voltasse a realidade socioeconômica ao capitalismo tão combatido por Proudhon. Se intervencionista, também esse fato entraria em colisão com seu sistema.

De todo o exposto, depreendemos que as utopias socialistas quase nada ofereceram de contribuição prática à mudança socioeconômica. Sonharam. Mas foram sonhos que se esvaneceram no confronto com a realidade crua de sua época. Ou que se esvaneceriam ao se lhes depararem as realidades de qualquer época.

3. *O socialismo científico ou marxista*

O socialismo marxista, também denominado socialismo científico, constitui a doutrina mais influente, sobretudo em termos históricos, em meio a quantas se arvoraram em antítese ao liberalismo. É desmembrável em facetas econômicas, sociológicas, políticas e filosóficas. Neste capítulo, cuidaremos sobretudo de sua dimensão mais antitética às ideias liberalistas, isso tudo ligado, por conseguinte, à focalização de seus ângulos econômicos, em que pese à dificuldade óbvia de serem separadas essas quatro facetas. Por isso, aqui e ali, poderão aparecer entremeadas.

Marx se contrapõe com vigor aos utopistas. Assinala, em descoberta ironia, que Proudhon só iniciou seus estudos de Economia após haver publicado seu primeiro livro. Afirma que o autor de *O que é a Propriedade?* penetrou quase nada nos meandros da dialética científica e "comparte las ilusiones de la filosofía especulativa, cuando, en lugar de considerar las categorías económicas como expresiones teóricas de relaciones de producción formadas históricamente y correspondientes a una determinada fase de desarrollo de la producción material, las convierte de un modo absurdo en ideas eternas, existentes de siempre". E continua seu ataque, dizendo que foi uma volta desnecessária, pois "retorna al punto de vista de la Economía burguesa". O interesse racional das coisas é que cria a realidade e não a ideia que precede as coisas no processo de conhecimento. Com tal opinião, consoante é fácil ver, aproxima-se de Hegel – embora de revés – e se distancia da prestigiada elaboração cartesiana. Aceita a existência de uma ordem natural e espontânea, não há negar. Não obstante, a nova ordem nada mais seria do que uma etapa daquela ordem a que se chegaria, face à evolução fatal, pelos caminhos da História. Daí por que também ser chamado seu pensamento de materialismo histórico.

Segundo Marx – no que é secundado por Engels –, a infraestrutura econômica da sociedade, ou seja, o modo de produzir, determina a superestrutura jurídica, moral, religiosa, política, artística e assim por diante. Em função disso, o materialismo histórico supõe o estudo dos fatos passados, mas também é previsão. Nos fatos passados, vasculha, entre mais convencimentos correlatos, a causa determinante da evolução, que se descobre no antagonismo das classes, uma vez que a História atesta haver a produção originado sempre a divisão das sociedades em dois grupos: *a*) o dos detentores dos meios de produção, quer dizer, recursos naturais, capital e trabalho; e *b*) o dos fornecedores da força de trabalho. Depois de uma argumentação minuciosa, Marx conclui que a luta de classes não só é justificável como tem seu êxito assegurado, em favor dos proletários, que são imensamente mais numerosos e, se conscientes de sua força, invencíveis. É a revolução do proletariado.

A concepção econômica marxista não envolve apenas aspectos econômicos. Abrange também aspectos sociais, ponto do qual lhe advém certo caráter sociológico, apesar de o próprio Marx não ter qualquer simpatia pelos estudos de Sociologia, que considerava paliativos e desviantes do problema central.

Parte sua concepção econômica afirmando que o trabalho é que constitui o valor dos produtos. Em razão disso, o valor produzido deve pertencer a quem trabalha. A teoria do valor-trabalho havia sido antevista por outros pensadores, inclusive Ricardo, que lançou a semente mais sadia de sua germinação, conforme assinalamos atrás. Entretanto, mesmo em Adam Smith e em Bacon vislumbram-se traços dessa doutrina, conquanto indiscutivelmente tênues, uma vez que tímidas em excesso. Marx é que vai apresentar-se mais incisivo e consistente. Defende a ocorrência de uma relação de causalidade direta e absoluta entre trabalho e valor. O valor de uma mercadoria, observa ele, será maior ou menor na proporção das horas de trabalho necessárias à sua produção. Surge, então, o estabelecimento do *quantum* de trabalho socialmente necessário à produção de determinada mercadoria. Vamos exemplificar.

Admitamos a hipótese do fabrico de uma mesa de madeira. Antes de tudo, ela foi uma árvore, numa floresta qualquer. Uma floresta pertencente, digamos à pessoa *A*. Certo dia, a pessoa *B* chega ao dono da floresta e lhe diz que está precisando fazer algumas toras de madeira e que, na floresta de *A*, existe um cedro que já está envelhecendo e que, por isso, já pode ser cortado. Oferece um valor pecuniário pelo pé de cedro e *A* lho vende pelo valor proposto. *B* penetra na floresta, corta o cedro para transformá-lo em toras de madeira. Desfolha-o, desfaz-se dos galhos mais finos, mais tortuosos, mais nodosos e de tudo quanto não se preste à produção das toras de madeira. Quer dizer, abandona lá na floresta parte dos recursos naturais que compunham a árvore cortada. Faz as toras e as transporta para fora da floresta, abandonando atrás de si todas aquelas partes imprestáveis de que já falamos. Isso significa que, nas toras de madeira há menos recursos naturais do que na árvore em seu estado primitivo. Ocorre que, nessa ocasião, vem a pessoa *C* e convence *B* a vender-lhe as toras de madeira. *B* lhas vende. Mas as vende por mais dinheiro do que dera pela árvore *in natura*. Ora, mas nas toras há menos madeira do que na árvore enquanto estava na floresta. No entanto, o preço foi maior. Por quê? Porque foi aplicado trabalho para transformar a árvore em toras. Continuemos descrevendo o processo produtivo da mesa. A pessoa *C* – que agora é a dona da madeira –, faz tábuas com as antigas toras. Na fabricação das tábuas mais recursos naturais são perdidos. Aplainou-se aqui. Cortou-se ali alguma parte que estava rachada etc. Contudo, mesmo estando diminuídos ainda mais os recursos naturais, vem a pessoa *D* e manifesta sua intenção de comprar as tábuas de cedro, para fazer a mesa. Compra-as de *C* por um preço ainda maior. Mas há, em tal fase do processo, cada vez menos recursos naturais. Por que o preço mais elevado? Em razão de mais trabalho ter sido agregado ao processo produtivo. Por fim, *D* fabrica a mesa e a vende a *E* por um valor que é superior ao das tábuas, ainda que lhe adicionemos os gastos com outros insumos, como pregos, verniz, cola etc. Por que o preço final subiu ainda mais, se no processo de fabricação da mesa desperdiçou-se ainda mais madeira, aplainando-se aqui, cortando-se arestas ali, e assim por diante? Porque na fabricação da mesa mais trabalho se aplicou ao processo. Logo, concluímos que o trabalho é o mais importante fator de produção da riqueza. Seria essa igualmente a conclusão de Marx, se visse nosso exemplo. Marx, todavia, não poderia esquecer o valor inicial da árvore.

Marx distingue o trabalho simples do trabalho qualificado e utiliza a teoria do valor-trabalho para chegar a conclusões diversas, como a de que, sendo *todo* o valor determinado pelo trabalho, *todo* o valor deve ir para o trabalhador. Porém, continua ele, tal não acontece na sociedade capitalista, constatação que o levaria a concluir que o trabalhador é explorado, em decorrência da própria natureza das trocas capitalistas, e não propriamente da vontade do empregador ou da concordância do empregado. Surge, aqui, o corolário esperável, inclusive porque antevisto em outras teorias, da *teoria da mais-valia*.

A mais-valia, em sua estruturação teórica, parte da consideração do processo de trabalho à parte de qualquer estrutura social determinada, tendo-se em vista como que um intercâmbio de que participa o ser humano e a natureza. Com o trabalho, um ser humano atua sobre a natureza e a modifica, enquanto vai modificando também sua própria natureza. O meio de trabalho é uma coisa ou um complexo de coisas que o trabalhador insere entre si mesmo e o objeto do trabalho. Serve para dirigir sua atividade sobre o objeto do trabalho. Em *O Capital*, Marx escreve: "No processo de trabalho, a atividade do homem opera uma transformação, subordinada a um determinado fim, no objeto sobre que atua por meio do instrumental do trabalho. O processo extingue-se ao concluir-se o produto. O produto é um valor-de-uso, um material da natureza adaptado às necessidades humanas através da mudança de forma. O trabalho está incorporado ao objeto sobre que atuou. Concretizou-se e a matéria está trabalhada. O que se manifesta em movimento, do lado do trabalhador, se revela agora qualidade fixa, na forma de ser, do lado do produto. Ele teceu e o produto é um tecido".

Os valores-de-uso só são produzidos por serem e enquanto forem valores-de-troca. Ocorre que as trocas não mais se fazem como no período pré-capitalista, ou seja, quando a circulação do capital se processava de mercadoria a mercadoria. Começava com uma mercadoria e terminava com outra. O período capitalista alterou tal circulação, ao introduzir a moeda, mercadoria padrão, por onde se inicia e se finda. Como o empreendedor vende os produtos acima das somas necessárias para a produção, desaparece a igualdade entre a quantidade do trabalho incorporado ao produto e a quantidade de trabalho que poderá ser adquirida pela venda desse produto. O trabalhador, por via de consequência,

não recebe o valor total do seu trabalho e, assim, não pode adquirir tudo quanto produziu. Há uma diferença que fica com o patrão. Eis aí a mais-
-valia.

Marx arremata, talvez à guisa de eliminar alguma dúvida, que "não importa ao processo de criação da mais valia (*sic*) que o trabalho de que se apossa o capitalista seja trabalho simples, trabalho social médio, ou trabalho mais complexo, de peso específico superior. Confrontado com o trabalho social médio, o trabalho que se considera superior, mais complexo, é dispêndio de força de trabalho formada com custos mais altos, que requer mais tempo de trabalho para ser produzida, tendo, por isso, valor mais elevado que a força de trabalho simples. Quando o valor da força de trabalho é mais elevado, emprega-se ela em trabalho superior e materializa-se, no mesmo espaço de tempo, em valores proporcionalmente mais elevados. Qualquer que seja a diferença fundamental entre o trabalho do fiandeiro e o do ourives, a parte do trabalho deste artífice com a qual apenas cobre o valor da própria força de trabalho não se distingue qualitativamente da parte adicional com que produz mais valia. A mais valia se origina de um excedente quantitativo de trabalho, da duração prolongada do mesmo processo de trabalho, tanto no processo de produção de fios, quanto no processo de produção de artigos de ourivesaria".

O capitalismo foi, de início, uma força econômica necessária. É o que admite a tese da evolução. Depois, resvalou para uma série de crises nascidas de seu próprio bojo, como decorrência das contradições que lhe são intrínsecas. Os germes da autodestruição do capitalismo proliferam por causa dos fenômenos da concentração e da proletarização progressivas e crescentes. Estes são fenômenos conjugados, em sua força demolidora, a dois outros fenômenos, por sinal paradoxais: a superprodução e o subconsumo. A saída seria necessariamente a revolução. Para completar a base da teoria da catástrofe final do capitalismo, bastaria recorrer à diferença entre capital constante e capital variável, afirma o pensador de Trier. Para tanto, elabora uma série de demonstrações e um complexo de argumentos. "A parte do capital, portanto, que se converte em meios de produção, isto é, em matéria-prima, materiais acessórios e meios de trabalho, não muda a magnitude do seu valor no processo de produção. Chamo-a, por isso, parte constante do capital, ou, simplesmente, capital constante. (...) A parte do capital convertida em força de trabalho, ao contrário, muda de valor no processo de produção. Reproduz o próprio equivalente e, além disso, proporciona um excedente, a mais valia, que pode variar, ser maior ou ser menor. Esta parte do capital transforma-se continuamente de magnitude constante em magnitude variável. Por isso, chamo-a parte variável do capital, ou, simplesmente, capital variável. As mesmas partes do capital, que do ponto de vista do processo de trabalho, se distinguem em elementos objetivos e subjetivos, em meios de produção e força de trabalho, do ponto de vista do processo de produzir mais valia, se distinguem em capital constante e capital variável."

Por decorrência de uma atração irresistível, Marx prevê o deslocamento para os grandes centros industriais, por força do capitalismo mesmo, de ponderáveis contingentes de mão de obra rural, o êxodo rural que, de resto, verificou-se. Com isso, seria apressada a explosão que terminaria por eliminar a propriedade privada, as classes e as lutas que lhes são consectárias. Enfim, destruiria o próprio Estado, expressão que é da classe dominante. A administração das pessoas daria lugar à administração das coisas. Seria a definitivação do regime do proletariado. Sê-lo-ia? Perguntamos nós. É a análise que virá agora.

Em primeiro lugar, não concordamos com a afirmação de que e economia traça *toda* a História humana. Ela, sem dúvida é preponderante. Nitidamente preponderante. Mas não é a única propulsora dos acontecimentos históricos. Por outro lado, mesmo que o fosse, entendemos que apostar no definitivo desaparecimento das classes sociais é algo que não obtém respaldo na realidade. O que pode acontecer é a redução dos desníveis ou a substituição dos critérios da estratificação social. Digamos que a estratificação operada em bases econômicas se abrandasse a um nível que fosse o mais baixo possível, ainda assim não chegaríamos a uma igualdade aritmética absoluta. Isso não passa de uma vã esperança, porquanto os interesses econômicos e sua desejabilidade estão sempre tentando – e o conseguindo – aflorar. Só um controle em moldes absolutistas nunca dantes vistos ou experimentados poderia lograr algum êxito. Êxito passageiro, aliás. Além do mais, estar-se-ia avassalando o ser humano, tanto como indivíduo quanto como sociedade, esmagados que ficariam sob a bota do Estado onipotente, ou de qualquer que fosse a instituição que o substituísse, os quais estariam com a repugnante capacidade de se justificar a si mesmo e por si mesmo. A consequência seria que o desnível ficaria sendo entre os controladores da situação, minoritários, e os controlados por ela, majoritários. E tal situação seria injustificável. Desse modo, a fim de que o controle levasse a uma redução considerável das diferenças interpessoais, seria mister uma ação efetiva de controle. Mas para que esse controle, ainda que dentro dos limites suportáveis para a liberdade humana, fosse eficaz, seria imprescindível que os controladores gozassem de alguma possibilidade de exercer influência. Ora, essa capacidade de exercer influência já seria, por si mesma, um poder sobre os controlados. Além desse poder, originário, suponhamos, das normas jurídicas postas, do carisma, do respeito granjeado e infundido, da dignidade moral dos seus detentores etc., não raro, ou sempre, as pessoas encarregadas do controle munir-se-iam de uma estrutura material ou organizacional que ensejasse a efetividade do controle, ou auxiliasse a aquisição dessa efetividade. Em qualquer das hipóteses, surgiria, em consequência, um *status* diferenciado, o qual, consubstanciando uma elite ou uma classe, configuraria sempre a existência da estratificação social. Na experiência da aplicação dos princípios marxistas, ainda existentes ou já ultrapassados, tal fenômeno se tem estampado na teia burocrática, na elite política ou na elite intelectual, quando não nas três ao mesmo tempo, conforme tem sido mais comum acontecer.

O Estado, ou o que viesse em seu lugar – o partido único, por exemplo –, não desapareceria, seja em sua dimensão interna, seja-o na externa, conforme ficou constatado acima, já que o controle seria inafastável, com vistas a que os interesses individuais não repontassem como fator de desequilíbrio da pretendida igualdade. Na dimensão externa, identicamente, não desapareceria, uma vez que as barreiras estatais estariam sempre recebendo o reforço dos nacionalismos, estes que frequentemente são açulados pelo próprio Estado. O que vemos, infelizmente, são as incoincidências de interesses, os conflitos de ambição nas relações entre os Estados, mesmo os socialistas. Não houve, até agora, qualquer progresso atinente à demolição das barreiras estatais. A solidariedade que tem chegado a existir, em moldes passageiros, entre os Estados, não passa de uma solidariedade de interesses. Daí por que somente acontece enquanto há interesses comuns ou convergentes. Quando os interesses se desencontram, desaparece a solidariedade, que muitas vezes não demora em transmutar-se em frontais divergências. Dessa forma, se não tem consistência uma simples solidariedade mais duradoura entre Estados, mesmo estes mantendo suas identidades, imaginemos a eliminação deles em favor de uma sociedade universal e comum.

A teoria do valor-trabalho, por sua vez, recebeu forte carga demolidora de autores de nomeada. Boehm-Bawerk, por exemplo, para quem Marx construiu uma elaboração teórica do valor tendo em linha de consideração apenas os bens mercadorias. Deixou de lado os bens naturais, consoante, de resto, já realçamos páginas atrás. Uma teoria do valor deveria ter em conta os bens em geral. Além disso, a teoria seria incompleta por simplificar em excesso o problema do valor. Olvidou aspectos relevantes, como a raridade dos bens. Esqueceu o fato de serem, conquanto em graus diferentes, produtos da natureza. Não considerou a circunstância de serem objeto da oferta e da procura. O autor austríaco prossegue em seu ataque, observando que a teoria marxista do valor contém, outrossim, falhas no que toca ao raciocínio desenvolvido: as trocas não se fazem num quadro de equilíbrio, porém, diferentemente do que pensou Marx, fundam-se exatamente no desequilíbrio. E não apenas isso. A utilidade das coisas deveria ter sido também contemplada em sua devida importância.

É certo que as críticas de Boehm-Bawerk também merecem reparos. Entre mais pontos frágeis, é lembrado, com frequência, que ele se posicionou em plano estático e microeconômico. Não era esse o prisma de visão de Marx. Este desenvolveu seu sistema no plano global da economia nacional e, em face disso, visualizou as relações entre grupos, nas implicações de produção e repartição dessas relações.

A visão marxista do trabalho qualificado, como um múltiplo do trabalho simples, deixa algo em aberto. Como será fixado tal multiplicador? Retrucariam os marxistas: com a possibilidade de fixação por parte das autoridades administrativas. Fá-lo-iam arbitrariamente? Não, responde Lênin. Em uma sociedade organizada dentro dos padrões marxistas, a capacidade de fixação cabe ao partido – eis a efígie da ditadura do proletariado despontando de novo – e configura a experiência do proletariado, acumulada e organizada. Como? A esta nossa pergunta a doutrina e seus reflexos práticos não ensejam um seguro esclarecimento. No entanto, não é somente isso. Mais uma pergunta, apenas. Não está semelhantemente solta, no contexto do pensamento marxista, a noção de "trabalho socialmente necessário"?

De qualquer maneira, Marx teve considerável e profunda influência na elaboração da teoria econômica, social, política e filosófica propriamente dita. No conjunto de suas ideias, há passagens inegavelmente importantes para a solução dos problemas socioeconômicos atuais. Em meio a essas passagens, é suficiente lembrar o substrato econômico que vislumbrou no delineamento do conceito de classes. Até autores decididamente antimarxistas comungam dessa opinião. Podemos até não pôr muita fé nem esperança no dogma do desaparecimento das classes. Não obstante, inexiste como obscurecer que o trato do problema das classes é um ponto alto de sua doutrina. Comprova-o Dahrendorf, ao escrever, em *Sociedad y Libertad*, que "resulta importante no perder de vista, por encima de toda crítica, las tesis fructíferas de la teoría marxista de las clases". E antes: "O bien el conflicto de clases es un fenómeno social universal – entonces no puede haber sociedades a-clasistas y el descubrimiento de Milovan Djillas de 'una nueva clase' en las sociedades comunistas representa una aplicación exacta de los principales marxistas. O bien existe la sociedad sin clases – entonces la teoría marxista de las clases se reduce a ser una descripción desprovista de toda fuerza de un proceso histórico, que no se puede comprobar en otras sociedades, y de poco peso analítico. Estamos en una encrucijada y me parece que sacaremos más provecho de las ideas de Marx si nos decidimos por la primera interpretación."

Não podemos deixar de concordar com Dahrendorf.

4. O socialismo pós-marxista

O socialismo pós-marxista apresenta escassa originalidade, ressalvadas algumas contribuições, a exemplo de Rosa de Luxemburgo. Mesmo nesses casos, a pecha de revisionismo foi-lhe impiedosa. Por conseguinte, os efeitos inibidores se fizeram sentir com veemência, até com o derramamento de sangue. De toda sorte, é-nos razoável divisar um socialismo pós-marxista reformista e um socialismo pós-marxista revolucionário. Em ambos, percebe-se, pela própria terminologia adotada, a existência de um certo afastamento do determinismo e da determinação iniciais, o que não deixa de ser um resquício do voluntarismo utopista.

Se examinado o assunto numa ótica exigente, o reformismo já foi inaugurado pelo próprio Engels. No entanto, fortaleceu-se com Kautsky, Hillferding, Deville, Bernstein e outros.

Abandonam-se teses como a do valor-trabalho. Bernstein ataca ideias como a da concentração e da proletarização crescentes. Isso inflete em outros desdobramentos, a exemplo da ideia de crises inevitáveis. Chega mesmo a duvidar da cientificidade marxista ao utilizar-se de alguns dados estatísticos.

Relativamente ao socialismo pós-marxista revolucionário, sugere a importância de um momento de regime econômico preparatório, de natureza coletivista, autoritário e centralizado. É o reaparecimento da ditadura do proletariado como meio para se chegar a um fim. A influência de Lênin é notória. O manuseio dos tributos com objetivos ordinatórios é praticamente anulado. Não há mercado a ordenar, uma vez que o dirigismo estatal se processa em moldes tão rígidos que sequer sobra algo que tivesse condições de ser tido como mercado.

Em posição bem distante de tudo isso, e procurando equilibrar os termos da pendência, temos o *socialismo cristão*. Ou, melhor dizendo, a *doutrina social da Igreja*. Nada tem de marxista. É um catolicismo com preocupações sociais, infiltradas no âmbito da vida econômica. Já tivemos oportunidade de a ele aludir, bem antes desta passagem. Seu documento maior e mais prestigiado, como vimos, é a encíclica *Rerum Novarum*, do papa Leão XIII, seguida pelas encíclicas *Quadragesimo Anno* e *Mater et Magistra*, de outros pontífices, abstraídos outros textos de menor relevância. Na verdade já estamos, aqui, penetrando no seio do intervencionismo, muito mais do que arrematando ideias socialistas. Defendem o ser humano em sua dignidade individual. O cerne da preocupação não é a sociedade, embora chegue a repercutir sobre ela. É, em suma, a manifestação do amor nos termos evangélicos, visto à luz dos acontecimentos socioeconômicos de então. Enfim, para o Cristianismo, todo ser humano tem sua dignidade individual intrínseca, que não se mede por critérios econômicos ou de posicionamento dentro da pirâmide social ou dos estamentos políticos.

Capítulo IV
A SÍNTESE INTERVENCIONISTA

1. As trilhas do marginalismo e da economia do bem-estar. 2. O intervencionismo.

1. As trilhas do marginalismo e da economia do bem-estar

O encontro da tese liberalista com a antítese socialista gera um terceiro momento, que é a síntese intervencionista. Mas, de acordo com o que temos dito em ocasiões diversas deste trabalho, as coisas não acontecem assim de inopino. Vão sendo amalgamadas aos poucos, a própria tese já contendo o germe de sua vocação de sair de si e tornar-se antítese, e esta, por sua vez, inclinada no sentido de, mesmo contrapondo-se à tese, receber algumas tinturas desta mesma, que deseja contrastar. Acontece que, não obstante esse processo dialético, a própria síntese tem seus momentos preparatórios, tem seus embriões formadores, eis que também não nasce como por encanto. É precedida de sua própria alvorada, até que a luz de sua manhã possa brilhar espelhando contornos próprios e devidamente autonomizados. No caso da síntese intervencionista, isso ocorreu com o marginalismo econômico e com a economia do bem-estar, as quais serão apresentadas, aqui, num só bloco, porquanto quase impossível separar completamente o primeiro da segunda.

O marginalismo veio já em plena descida do prestígio ostentado pelo liberalismo e de permeio aos ataques que se começavam a delinear contra o socialismo. Já era um aceno ao intervencionismo. Foi uma forma de repensar certos princípios. Uma nuança que contribuiu para o preparo de caminhos, tal qual a economia do bem-estar identicamente se debuxava em nova trilha. Um desvio para quem, não querendo seguir os passos da ortodoxia liberalista, também não quisesse recair nas contradições do socialismo. Era um retoque nessas elaborações teóricas, e um freio cauteloso em suas práticas.

Tem o marginalismo seu cerne na observação de que a *margem* de utilidade do capital decresce na proporção em que ele se acumula nas mãos das pessoas. Poucas pessoas, aliás. E a economia do bem-estar insere seus contrafortes na assertiva de que o capital e o patrimônio que ela propicia não são para serem adorados deificamente, mas servir, como seu nome já o diz, ao bem-estar da coletividade e não apenas de alguns detentores egoístas.

A busca hedonista da satisfação máxima com um mínimo de dispêndio de esforço não hesitaria em infiltrar-se nos estudos econômicos. E o fez sob a efígie de um dos móveis explicativos e provocadores da atividade econômica. O abstracionismo de que tal manifestação tendia a ornar-se conduziria, por sua vez, a ramos distintos, não obstante gerados de um só tronco. Um deles se estendia no sentido das motivações psicológicas. O outro, no rumo do frio embasamento matemático. Ambos os galhos, no entanto, forjaram os lineamentos de substanciais contribuições ao saber econômico. Sem poder, ou querer, escapar ao utilitarismo, ínsito em seu hedonismo, ligaram, os marginalistas, logo de saída, o valor de troca ao valor de uso, numa dependência íntima que caracterizaria de importância inegável a procura dos produtos e serviços, fazendo com que a oferta perdesse espaço. Aflora, aí, incontrastável, a noção de *utilidade marginal*, basilar às teorias econômicas mais recentes.

As necessidades materiais do ser humano satisfazem-se gradualmente. Por isso, na medida em que se avoluma a quantidade de bens, reduz-se a satisfação por eles propiciada. Exemplifiquemos. Se alguém está desempregado, qualquer quantia que lhe caia nas mãos, por pequena que seja, pode ser a diferença entre sua fome e sua mínima alimentação. Pode até ser a diferença entre sua vida e sua morte – de fome. A utilidade daquele ínfimo bem pecuniário é-lhe imensa. Definitiva à satisfação de suas necessidades o que aquela quantia lhe proporciona. Se a aludida pessoa conseguir um trabalho, ainda que remunerado somente com o salário mínimo, a citada pessoa já dispõe de uma pálida garantia de que terá algo para comer todos os dias. Melhorou um pouco. Mas a utilidade daquele pouco dinheiro ainda é, para aquela pessoa, muito grande, porém não mais se constitui na diferença entre sua vida e sua morte. Admitamos, em continuação, que tal pessoa vai subindo aos poucos e chega a perceber uma remuneração de dez salários mínimos mensais. Já pode pensar em ter, aos poucos, um televisor, uma geladeira, ou alguns outros aparelhos eletrodomésticos. Ou até um carro popular. Os dez salários mínimos já atendem, pois, várias das suas necessidades. Já lhe põe ao alcance um grau de satisfação bem mais elevado. Ou seja, seus desejos insatisfeitos são bem menores. O nível de satisfação desatendido em sua vida vai diminuindo. No entanto, suponhamos que a pessoa do nosso exemplo torne-se rica. Muito rica. Multimilionária. Bilionária. Começa a inventar coisas que já não mais lhe agregam satisfação alguma. Comodidade. Conforto. Isso porque já tem tudo. Casa luxuosa para morar. Casa de campo. De praia. De serra. De verão. De inverno. Apartamento em Paris. Em Nova Iorque. Jatinho particular. Iate. Vários carros de luxo na garagem. Joias preciosas. Muitas e luxuosas roupas. E assim por diante. O dinheiro já não tem como lhe satisfazer necessidades, comodidades, conforto. Ela já tem tudo. Todo o dinheiro a mais que vier a ganhar ser--lhe-á supérfluo. Inútil. Já não lhe agrega comodidade ou conforto algum. A margem de satisfação que o dinheiro poderia causar-lhe anulou-se. Zerou, pois não tem mais nenhuma comodidade, nenhum conforto ou luxo que possa inventar. A utilidade marginal do capital desapareceu para aquela pessoa. E, no entanto, há tantas outras necessitando de tudo...

Por que não tributar pesadamente o excesso de fortuna de pessoas assim, com o objetivo de redistribuir melhor a riqueza, já que o acúmulo que conseguiu obter não mais lhe adiciona *margem* alguma de utilidade ou de satisfação?

Esse raciocínio, que está bem dentro do pensar marginalista, liga-se a ideias outras, como a dos custos marginais dos fatores da produção, interessante tanto para o Estado quanto para o empresário privado, na proporção em que sirva para o acréscimo de produção obtido pela introdução de cada fator novo.

Outra ideia que tem a ver com o princípio da utilidade marginal é a da utilidade marginal social. O grau de eficiência que os investimentos proporcionam à economia como um todo e, portanto, à sociedade é de superior relevo na aferição do *bem-estar* social advindo do incremento de capital e dos seus efeitos, seja aumentando o produto nacional, seja corrigindo o fluxo de investimentos para regiões mais pobres, ou dinamizando setores de maior interesse para a economia e, como tal, para a sociedade. Ou vice-versa.

Pondo de lado propensões anteriores, podemos afirmar que o grande e sólido surto marginalista despontou entre 1871 e 1874, com a publicação das contribuições de Jevons, Menger e Walras. Alteraram-se, então, a estrutura e as perspectivas da análise econômica. Esbateu-se a importância conferida aos custos de produção, resultantes das circunstâncias e condições de produção. Em consequência, exalçaram-se a procura e o consumo final.

Os acréscimos marginais de utilidade fizeram atomística essa corrente do pensamento econômico, pondo de manifesto indisfarçáveis matizes individualistas. A teoria do valor recebeu influxos subjetivistas mais acentuados, mas, sem que se tornasse paradoxal, o sistema de variáveis econômicas e sua determinação passaram a identificar-se com o mercado, virtualmente, ou com o conjunto de mercados inter-relacionados no âmbito da troca. Ao invés de Ricardo e Marx, que tinham visto a repartição numa ótica anterior à troca – o último com suas relações sociais de produção introduzidas no mercado, de fora, pois –, a nova análise econômica trouxe a repartição para a esfera do preço atribuído aos *inputs* indispensáveis por um processo de mercado, determinando, simultaneamente, a inter-relação sistêmica dos *inputs* e *outputs*. A determinação seria imposta, portanto, pelo mercado dos produtos finais, isto é, pela estrutura e intensidade da procura dos consumidores.

Indubitavelmente, os marginalistas deram um novo impulso à Ciência Econômica. Foi e é mais uma tentativa de encaixar a ciência e a realidade num contexto de compatibilização, procurando um equilíbrio que, sendo viável, ao mesmo tempo desenhe um modelo capaz de acolher, num conjunto harmônico, a produção e a distribuição. Deixaram, entretanto, de fincar mais alto o marco de uma preocupação com o bem--estar social, coisa que melhor coube à economia do bem-estar.

Sánchez Asiain escreve numa introdução a Pigou, que "es esta insatisfacción que se concreta en la reacción de algunos economistas y sociólogos ante la despreocupación de las elaboraciones doctrinales previas por las consecuencias sociales de los procesos económicos y especialmente por la indiferencia ante los resultados sociales del proceso de crecimiento económico, la que da origen a la ciencia del Bienestar". E, aqui, é de prestarmos um elogio à Escola de Cambridge, Sidgwick cronologicamente à frente – 1830-1900 –, porém tendo em Marshall, falecido em 1924, e em Pigou, morto em 1959, seu substituto e sucessor, figuras de exponencial estatura científica. Isso para não falarmos em Edgeworth – 1845-1926.

Analisando a formulação jevoniana, no sentido de que o custo de produção determina a oferta, a oferta determina o grau final de utilidade e o grau final de utilidade determina o valor, Marshall teria agido "mesquinhamente", na imputação que lhe faz Keynes, por entender que a série, ainda que existisse, "não poderia haver grande mal em omitir as fases intermédias e afirmar que o custo de produção determina o valor". Marshall, logo a seguir, incide quase no mesmo engano, do ponto de vista formal, ao inverter a série: a utilidade determina a quantidade a ser fornecida, a quantidade que deve ser fornecida determina o custo de produção, o custo de produção determina o valor, porque determina o preço de oferta necessário para que os produtores continuem o seu trabalho. Ainda bem que inseriu a parte final.

As inclinações subjetivas dos indivíduos, no entanto, haviam sido guindadas pelos marginalistas à posição de determinantes econômicas. Criaram a ficção de que não havia dotação diferenciada dos meios de produção. Uns eram proprietários de terras. Outros eram detentores de capitais, e, enfim, uns terceiros, de capacidade de trabalho. O entendimento de que cada porção adicional de um bem ou serviço apresenta para o mesmo consumidor uma utilidade menor do que a anterior, que recebera dos marginalistas o nome de *utilidade marginal decrescente*, ungiu-se de incontrastabilidade. Tal atitude seria logo arrostada, não obstante a unção recebida. Instalou-se a divergência entre os dois ramos de pensamento relacionados a isso: de um lado, o marxismo; do outro, o marginalismo. Para infelicidade do marginalismo, e também do liberalismo ortodoxo, as propensões monopolísticas do capitalismo repontavam cada vez mais notórias, circunstâncias que contribuíam para afastar, progressivamente, da realidade econômica, a concorrência perfeita e a ideia do equilíbrio. A insistência teimosa e desmesurada ainda levaria, após o hiato de centralização do planejamento nos Estados que então se enfrentavam, à tentativa de retorno ao liberalismo. O resultado trágico foi o desastre de 1929, com a quebra da Bolsa de Nova Iorque e suas consequências mundiais, quase demolidoras do sistema capitalista.

Do outro lado, o socialismo dito científico, por sua vez, apesar de recém-implantado, já dava sinais de que não traria o paraíso previsto por Marx.

De qualquer forma, com a já previsível ineficiência do marxismo e, no outro plano, com o marginalismo e a economia do bem-estar como que a repreender o liberalismo clássico, estavam abertas as trilhas e descerradas as portas para que a síntese intervencionista, e, com ela, o Direito Econômico, pudessem começar a entrar em cena.

2. O intervencionismo

Com três anos de antecedência em relação à quebra da Bolsa de Nova Iorque e à instalação generalizada do pânico nos países capitalistas, e com um decênio antes da publicação da *Teoria Geral do Emprego, do Juro e da Moeda*, de Keynes, Sraffa, em artigo vindo a lume no *Economic Journal* – "The Laws of Returns under Competitive Conditions" – advertia o mundo para uma realidade que muitas pessoas não viam e mais pessoas ainda faziam não ver. Verberava a ilusão da concorrência perfeita na atividade concreta dos mercados. As ideias desse economista italiano e professor de Cambridge apontavam para o que viria a ser um dos grandes espantalhos do mundo atual: os ganhos de escala. Estimulantes do crescimento das grandes empresas, faziam-nas desembocar na concorrência imperfeita ou na realidade monopolística, que subjugam o consumidor e extravasam as fronteiras estatais, ameaçando, quando não anulando, o esforço de determinados países contra o colonialismo. Joan Robinson, também da Universidade de Cambridge, faz coro com Sraffa, desbastadas certas diferenças que realçam a especificidade de sua doutrina. Robinson, que chegou inclusive à assistência de Keynes no *Economic Journal*, caminha, a passos não muito definitivos, no rumo do keynesianismo. Ao mesmo tempo, porém sob outro ângulo de inspiração, qual fosse o marxismo, Kalecki também entra nas controvérsias doutrinárias. Era o ambiente científico propício ao que se desenharia como sendo o cimentar do que viria a ser o intervencionismo keynesiano.

Keynes assentia em que o nível de consumo despende da renda. Porém, com uma ressalva: aquele varia muito menos do que a última. Disso se gera a poupança, constituída de recursos que podem ser investidos, mas cujo investimento, obviamente, vai depender dos empresários no sentido de fazê-lo. A expectativa da eficiência marginal do capital, ou seja, a expectativa do lucro, vincula-se, por baixo, à vigente taxa de juros, e, por cima, à capacidade criadora da imaginação dos especuladores. As expectativas dos investidores flutuam, sobretudo num mundo em crise e tumultuado pelas incertezas. Isso afeta o volume dos novos investimentos, causando mais reflexos nos níveis de emprego e de renda da população. No fim, as consequências recaem sobre a demanda agregada, diminuindo ainda mais a atratividade dos investimentos. Fundamentado parcialmente em Robertson, sustenta uma opinião ainda hoje por muitos inaceita, mas que consideramos correta: a poupança não é necessariamente igual ao investimento e, entre poupança e investimento, este constitui o fator mais importante para garantir o pleno emprego dos fatores da produção, especialmente no que diz respeito ao fator força de trabalho.

A propósito disso, escreve Keynes: "Assim, a 'poupança' refere-se a unidades monetárias e constitui a soma das diferenças entre a renda nominal dos indivíduos e os seus gastos monetários no consumo corrente; por sua vez o 'investimento' refere-se a unidade de bens (...) A poupança é um ato do consumidor individual, e consiste no ato negativo de abster-se de gastar no consumo a totalidade de sua renda correspondente. Por outro lado, o investimento é um ato de empresário, cuja função é a de tomar as decisões que determinam a quantidade da produção não-disponível para o consumo, e consiste no ato positivo de iniciar ou manter algum processo de produção, ou reter bens alienáveis. Ele é medido pelo acréscimo líquido à riqueza, seja sob a forma de capital fixo, de capital circulante ou de capital em dinheiro (...) pode-se supor – e frequentemente tem sido suposto – que o montante do investimento é necessariamente igual ao montante da poupança. Mas a reflexão mostrará que não é o caso se excluirmos da renda e da poupança – como devemos fazê-lo pelas razões já apresentadas – os lucros e prejuízos extraordinários dos empresários".

Não temos como fugir ao acerto dessa distinção keynesiana, malgrado algumas opiniões em contrário. Todavia, o que importa é verificar sua relevância para os desdobramentos do sistema doutrinário arquitetado pelo economista nascido em Cambridge.

A poupança excessiva, ou subconsumo, pode chegar a retrair ou desestimular os investimentos. A redução, ou mesmo a cessação, dos novos investimentos gera efeitos estruturais na evolução do sistema. Pois determina um novo equilíbrio, se bem que em nível inferior ao *status quo ante*. Daqui inferimos que equilíbrio e depressão não são incompatíveis. Encontramos, então, a chave do significado político da teoria keynesiana: provocar a intervenção do Estado na geração e canalização de investimentos. Cabe basicamente ao Estado realizar o controle dos meios de pagamento e da taxa de juros. Ora, o nível de emprego de um certo momento depende, numa economia capitalista – por não ser dirigista, o que seria excesso marxista –, da demanda efetiva. Noutras palavras: depende da proporção da renda que é gasta em consumo e investimento. Daí a possibilidade de entesouramento, quando as expectativas não forem favoráveis. Punha-se por terra o dogma sayano de que a cada venda corresponderia uma compra. Ou melhor dizendo, cada oferta teria sua procura. A *loi des débouchés* não passava de um engano otimista. Era o fim do *laissez-faire*, como escreveria, em 1926, o próprio Keynes.

Além do controle dos meios de pagamento e da taxa de juros, caracterizadores de um intervencionismo monetarista, necessitar-se-ia de mais ação estatal. O simples aumento dos recursos disponíveis para investimento não bastaria. Seria preciso que houvesse intervenção do lado da demanda, incrementando-se os gastos governamentais em obras públicas. E, aqui, saindo um pouco da teoria keynesiana, diremos haver também necessidade de incremento da intervenção social, com, sobretudo, os grandes conglomerados empresariais investindo nas áreas carentes de investimento, no fito de gerar emprego de recursos naturais, de mão de obra e de capitais entesourados, a fim de prover o abastecimento de produtos escassos, aumentar o poder aquisitivo da população e dinamizar a economia, também pela via privada. Ou da parceria público-privada.

Contudo, voltemos à doutrina de Keynes, no que diz respeito à relevância dos investimentos públicos e à intervenção estatal. "Muitos dos males econômicos do nosso tempo são frutos do risco, da incerteza e da ignorância. É porque os indivíduos específicos, afortunados em sua situação ou aptidões, são capazes de se aproveitar da incerteza e da ignorância, e também porque, pela mesma razão, os grandes negócios constituem frequentemente uma loteria, que surgem as grandes desigualdades de riqueza; e estes mesmos fatores são também a causa do desemprego dos trabalhadores, ou a decepção das expectativas razoáveis do empresariado, e da redução da eficiência e da produção."

Destarte, a discordância keynesiana não se contentou em refutar, de frente, apenas o liberalismo. Apesar de seu caráter de transição, combateu também os bastiões da economia do bem-estar, principalmente na versão de Marshall e de seu sucessor e substituto, Pigou. Keynes não podia aceitar que o desemprego desaparecesse caso os trabalhadores aceitassem salários mais baixos, uma vez que a taxa de interesses se ajusta sempre, por si, à curva da eficiência marginal do capital, de moldes a conservar a ocupação plena. Por isso, imputava a esses "clássicos" tardios, como dizia, a pecha da incorreção doutrinária.

Uma economia capitalista poderia, portanto, chegar ao nível de equilíbrio, desde que a poupança equivalesse à inversão deliberada, sem que se formassem estoques não desejados. Não obstante, para que esse equilíbrio se desse em situações de pleno emprego e nelas permanecesse, seria indispensável que políticas adequadas sustentassem o nível de demanda efetiva, ensejando, por via de consequência, que, a cada elevação da renda, o consumo e a inversão também crescessem. Neste passo, avulta a importância do adequado manejo interventivo do mercado, seja pela utilização adequada das finanças públicas, seja pelo correto estímulo e adequado manejo dos investimentos públicos – ou privados, dizemos nós –, seja ainda pelo incentivo ao mercado, com vistas a que consuma, quando conveniente, ou retraia o consumo, quando aconselhável.

O pensamento keynesiano e os prosélitos que suscitou indicaram saída para as correções conjunturais, em cuja busca se debatiam os economistas de seu tempo, e se debatem os de hoje, ainda. Entretanto, não logrou a mesma fortuna no que tange aos problemas estruturais. Subestimou ou esqueceu de tratar da propriedade como função social, ou da função social da propriedade, na denominação eleita por muitos autores, conforme veremos na parte adequada. De igual modo, não se ocupou com uma classificação das formas de intervenção, assunto que também será tratado mais adiante. Apesar disso, entronizou o intervencionismo como síntese gerada no encontro entre liberalismo, em seus vários graus, e socialismo, em suas múltiplas facetas. E isso já é muito, no tocante à consecução de justiça nas relações econômicas e, especificamente, nas relações laborais. Nem a espoliação capitalista do trabalhador, com salários inferiores e jornada de trabalho impiedosa, nem o dirigismo improdutivo do Estado ou do partido único, ao gosto de Marx e dos marxistas. Enfatizou o cuidado que se haveria de ter no trato dessas questões. Disse Keynes, prevendo o que o capitalismo desenfreado poderia ocasionar que "nem sempre os homens morrerão em silêncio. Isto porque, se a fome leva alguns à letargia e ao desânimo irremediável, ela conduz outros temperamentos à nervosa instabilidade da histeria e a um louco desespero. Em seu sofrimento, estes podem derrubar o que resta da organização, e afogar a civilização em suas desesperadas tentativas de satisfazer as prementes necessidades individuais. Este é o perigo contra o qual todos os nossos recursos, coragem e idealismo devem cooperar". Clarividentes e proféticas palavras! Efetivamente, o cientista inglês cuidava, antes de qualquer outra coisa, de preservar o mercado das ciladas que se lhe poderiam antepor. E como se antepuseram... Torpedearam-no a insensatez da gananciosa ortodoxia de alguns, a fria insensibilidade de outros, em meio ao prejuízo de quase todos.

Hansen, denotando indisfarçáveis momentos de compatibilidade doutrinária com Keynes, conferiria atenção especial à possibilidade de um equilíbrio a longo prazo, sem plena ocupação. À falta de fatores que dinamizassem os investimentos, a inversão total do setor privado não absorveria toda a poupança, redundando isso na inviabilidade da plena ocupação. Tal fato poderia não ficar circunscrito a uma etapa do ciclo econômico, tornando-se estrutural. O desnível entre poupança e investimento reclamaria providências do Estado, objetivando a recomposição da paridade, mas de tal forma que não fossem restringidos os investimentos privados. A solução, em decorrência, estaria no financiamento dos gastos do Estado, mediante o endividamento público. Consoante é fácil inferir, Hansen partilha da opinião de que a dívida pública não é, em si mesma, um espectro que amedronte excessivamente, concordando, assim, com outros economistas que hão admitido o déficit orçamentário, em situações de desemprego ou de depressão acentuados, máxime quando se tratar do chamado orçamento de capital.

Para Abba Lerner, a ideia de um sistema tributário que vise à cobertura das despesas deve ser rebatida. Sua posição é radical. Às finanças públicas caberia um papel de absorção do poder aquisitivo do setor privado, evitando ou, pelo menos, combatendo a inflação, numa função instrumental de política econômica, particularmente de política de estabilização. É a funcionalidade das finanças elevada a uma altura extrema. Aqui, embora já não seja fácil dizer o que resta de keynesianismo, é possível, no entanto, asseverarmos que muito existe de intervencionismo.

Por fim, é de anotarmos que o intervencionismo, sejam quais forem suas tendências, faz nascer, sob a égide da Ciência Econômica, os balizamentos que levariam os juristas a delinear a tessitura do Direito Econômico, uma vez que esse novo ramo da árvore jurídica haveria de se colocar como instrumento normativo da intervenção do Estado ou da sociedade civil, com o intuito de promover as mudanças conjunturais ou estruturais imprescindíveis à correção dos desvios macroeconômicos do mercado, ou da economia em geral. O Direito Econômico, gerado por força da teorização dos economistas, consoante deu para observarmos no corpo deste trabalho, não ficaria imune aos influxos da teoria política. Dela não nasceu. Mas dela se alimentou, embora em pequenas doses. É o que veremos no Capítulo V, a seguir.

Capítulo V
A SEMEADURA DA TEORIA POLÍTICA E SEUS FRUTOS

1. Primórdios. 2. A posição do cristianismo. 3. Em tempos menos ancestrais. 4. Contribuição do liberalismo político. 5. Dois marcos do autoritarismo.

1. Primórdios

Desde a mais distante antiguidade, o ser humano, mesmo sem ter uma visão clara do fenômeno do poder, a este tem tido sua atenção voltada. A figura do líder já despontava, por vezes incorporada a um simples chefe de família, ou a uma pessoa que, nos encontros mesmo informais e espontâneos do grupo, melhor se fazia ouvir e até se impor ao acatamento dos seus semelhantes. Muitos milhares de anos depois, os primeiros indagadores, indagadores que muitos outros milhares de anos mais tarde, seriam os primeiros pensadores, sentiam a curiosidade de desvendar certos aspectos do poder e de seus detentores, também ainda informais, na quase totalidade das vezes. O certo é que a inquietude do poder contribuiu, e muito, para a longa caminhada do saber humano e para o dealbar dos lampejos da filosofia. E é a respeito desses primórdios, em suas influências quanto à economia e quanto às manifestações potestativas atinentes à ação estatal – que adiante, muito adiante, seriam o instituto da intervenção do Estado na vida econômica – que nos ocuparemos neste tópico.

A velha Hélade – quantos milênios após esses primórdios... –, ao atingir o apogeu de seu esplendor, fez a meticulosa semeadura das ideias que ainda hoje influenciam as mais luminosas mentes, espargindo séculos afora algo que os tempos não têm apagado, nem apagarão jamais. Confirmam-na. Refutam-na. Porém não a olvidam. Mas o processo dialético vai prosseguindo em meio às dobras do tempo, sem se negar à vocação para a síntese que elucida, em seu condão de convergir mais do que dispersar.

Platão, o descobridor da metafísica, com suas propensões ao totalitarismo, tentaria imprimir a sua *polis*, mais concreta do que idealista – não obstante seu idealismo extremado e admirável –, a marca da superação entre o público e o privado, se é que essa distinção já se fazia possível em sua época, tempo em que a felicidade e a dignidade do indivíduo humano se afirmavam na fidelidade à *polis* mais do que a qualquer outro estamento axiológico.

Aristóteles, que não via de forma simpática a instituição dos éforos, aponta-lhe as vantagens existentes, eis que a eforia era uma possibilidade de ascensão ao alcance do povo. Entendia que, a fim de um governo subsistir e conservar-se, indispensável seria que os órgãos do Estado desejassem sua permanência e o mantivessem com o estímulo – intervenção? – de prerrogativas. É o Estagirita, preocupando-se, conquanto tenuemente e em termos subentendidos, com o problema da legitimidade. Podia ser apenas uma intuição, mas isso já significava alguma coisa. É uma espécie de intervenção em mão dupla. O povo participando do poder do Estado, ou da Cidade-Estado, como era o caso, à época. O poder do Estado, ou da Cidade-Estado, esforçando-se para manter o povo tranquilo. "O povo permanece calmo quando participa do poder", está em *A Política*. Entretanto, seria conveniente que os éforos não julgassem a seu talante, porém limitados por regras escritas e por leis, para usar sua terminologia. Era a presença do Estado, se bem que não no sentido interventivo perseguido neste trabalho. Apenas a imaginação funcionando no esforço de uma democracia, ainda que pálida.

Em Roma, os timbres discriminatórios eram bem claros. Inclusive quando se buscava uma determinada distribuição do poder, pela distribuição de vantagens advindas das boas graças do Estado, o qual manifestava uma canhestra intervenção privilegiadora. Era o caso do Tribunalato Militar, primeiro degrau aos que aspiravam a fazer carreira política e que não foi acessível, praticamente até o fim da República, senão aos membros da ordem equestre, que tinham uma quota mais elevada de tributos a pagar. Surgia, assim, sob a ação do Estado, uma mobilidade social vertical, a despeito de a fazerem de uma forma inadequada, uma vez que sua prática favorecia um acentuado distanciamento social. Um exemplo de mudar, via intervenção, para pior.

Ainda lá, alguns plebeus – digamos assim – armados receberam o benefício da repartição da propriedade imobiliária, também em termos de uma intervenção deveras elementar e defeituosa. As vantagens da vitória militar passavam a ser compartidas entre comandantes e soldados, em troca do prolongamento e da ilimitação do *imperium*, isto é, o poder de comandar, conferido aos chefes militares. Tal prática não raro foi motivo do acirramento dos ânimos e de guerras civis. Estas, a seu lado, ensejaram expressivos deslocamentos da propriedade privada, considerando-se que, durante as proscrições, numerosas terras foram confiscadas aos ricos e distribuídas aos soldados. Mas, como é de fácil ilação, não passavam, tais episódios, de confiscos ocasionados pela sorte das armas, seja qual for o prisma da análise. Não se lhes aplicariam, em termos cômodos, sequer a conceituação de intervenção tributária honesta, pois, na verdade, nada mais eram do que confiscos.

A ambição do poder esteve presente em muitas das decisões financeiras de Roma, quer fossem embriões interventivos, quer não. Isso tanto nos primórdios de seu poderio quanto depois que os costumes dissolutos e a tentação das riquezas começaram a minar os alicerces da grandeza romana. Narra Tácito, nos *Anais*, que "por efeito das queixas repetidas do povo contra a enorme severidade e avareza dos publicanos, ou contratadores da pública fazenda, estava Nero resolvido a suprimir todos os direitos de portagem que haviam sido estabelecidos pelos cônsules e tribunos. Porém a estes seus desejos se opuseram os padres, louvando ao mesmo tempo a sua generosidade, e dizendo-lhe 'que a República não podia subsistir, se lhe diminuísse parte das rendas que faziam a sua força; e que uma vez abolidos estes direitos se pediria logo a abolição dos tributos. Muitos daqueles direitos de portagem haviam sido estabelecidos pelos cônsules e tribunos do povo ainda no tempo em que mais florescia a liberdade; e que depois se tinham calculado a soma dos outros tributos para que a receita andasse a par das despesas. Era porém muito útil reprimir a criminosa avareza dos contratadores, e fazer com que isto que por tantos anos se pagara sem vexações não viesse por fim a ser odioso (...). Publicou, portanto, o príncipe um edito para que se fizessem patentes as pautas de cada um dos tributos que até então se não tinham divulgado; e que passado um ano se não pudessem pedir os que dentro desse tempo se houvesse deixado de cobrar. Que em Roma o pretor, e nas províncias os cônsules, conhecessem extraordinariamente das queixas contra os publicanos; e que aos soldados se conservassem as suas isenções, exceto nas coisas em que comerciassem. Continha ainda outras mais providências mui justas que se guardaram pouco tempo, e depois se tornaram ilusórias. Contudo, sempre se tem conservado a abolição da quadragésima e da quinquagésima, e de mais outras iníquas invenções que os publicanos haviam excogitado. Também se fez certa equidade às províncias do ultramar sobre as leis dos transportes dos trigos; e se estabeleceu que o valor dos cascos dos navios mercantes não entrassem no capital dos bens dos negociantes para dele pagarem tributo".

Não obstante extensa a transcrição, ela se justifica por uma importante série de inferências que podem ser tiradas quanto ao poder interventivo do Estado. A presença da fiscalidade ou extrafiscalidade dos tributos. A justiça ou injustiça da tributação. Os argumentos indicativos da conveniência de sua manutenção ou eliminação. Tudo isso, direta ou indiretamente, vinculado ao poder político, que se haveria de controlar a qualquer custo. Era como uma antecipação da incipiente teoria política da tributação.

O ainda hoje fugidio, porque os interesses o querem assim, conceito de justiça social – toda justiça é social, porquanto não se pode cogitar de justiça sem participação de duas ou mais pessoas, mas, como a expressão calhou, vamos mantê-la – reponta em Roma, embora com a imprecisão esperável daqueles tempos, tal qual se disfarçara na *polis* grega. Só que, na última, parece ter havido maior empenho em resguardá-la, talvez pelo espírito coletivista de que se impregnava o saber helenístico, máxime o platônico.

2. A posição do cristianismo

O primeiro conceito teologista de justiça social vai despontar com Santo Agostinho. No entanto, não é toda sua doutrina em torno disso que nos interessa neste passo. É suficiente lembrar que o santo de Tagaste via com pouca boa vontade a intervenção do Estado na vida dos filhos de Deus enquanto também filhos do século. E repudiava a atuação estatal, ao menos no que se reporta à cobrança de tributos e na forma como feita. A *magna latrocinia* que aí se tem não significa que a intervenção tributária estatal, ou de outra natureza, seja, indubitavelmente, igual à exploração.

O maior filósofo do cristianismo até hoje, Santo Tomás de Aquino, apesar de ensinar que a verdadeira finalidade do ser humano, depois de salvar-se para a eternidade, é conhecer-se a si mesmo – herança de Sócrates –, indica que o ter e o poder vêm depois, e que o fim do Estado é o bem comum. Por isso, governar é conduzir convenientemente ao devido fim. "Est tamen praeconsiderandum quod gobernare est, id quod gobernatur convenienter ad debitum finem perducere", escreve ele em

De Regimine Principum. É duplo o sentido do bem comum. Em primeiro lugar, a moralização, que lhe dá o próprio caráter de humano. Em seguida, vem o outro significado do bem comum, aquele que é necessário para uma vida humana morigerada, honesta e justa.

Só em ser morigerada, interpretamos nós, já fica evidente que os excessos de bens e as gastanças despropositadas são condenáveis por si mesmos. Não atendem ao bem comum. Pelo contrário, destroçam-no em favor de uns, quando deveriam vir os bens em benefício de todos, da mesma sorte como a capacidade de gastar haveria de ser apenas dentro dos padrões indispensáveis à subsistência honesta e digna. E ao Estado é que caberia regular esses padrões.

Mas, retornemos ao *Doctor Communis*. O pressuposto do bem comum, como depõe Van Acker no prefácio ao *De Regimine Principum*, é o traço distintivo que permite a aferição da qualidade de um bom governo ante outro governo, e consiste na possibilidade do pleno acesso dos benefícios à comunidade, do que adviria a unidade pacífica entre os cidadãos. Caberia, pois, ao príncipe presidir todos os ofícios humanos e ordená-los sob seu império.

Conforme a opinião de Boehner-Gilson, na *História da Filosofia Cristã*, a formulação tomista deixa transparecer sua alma, a qual "aberta a tudo que é nobre, bom e verdadeiro, desconhecia por experiência própria os abismos da humana miséria. Sua obra revela grande otimismo, que se poderia chamar de singelo, na maior acepção da palavra; cônscio embora da insuficiência do espírito humano em face de muitos mistérios impenetráveis, alimenta contudo uma confiança inabalável no caráter racional do ser e na disposição ordenada do mundo. Por isso a sua obra respira uma tranquilidade soberana, sem contudo lograr aquele contanto vivo com a realidade, nem a fina sensibilidade de um S. Agostinho".

A doutrina tomista é contemporânea da *tentativa* de separação visível entre Estado e Igreja, e do reforçamento do absolutismo. Frederico II criava, na Sicília, ponto de encontro das influências civilizatórias de Bizâncio, do Islã e do Ocidente, um Estado de funcionários, burocrático, que se apoiava num aparelhamento administrativo, sustentado sob remuneração e desvinculado, na medida do possível para a época, da fidelidade pessoal e da fé cristã dos vassalos. Por trás desse aparelhamento burocrático, despontavam muito mais as colunas dos palácios da Roma pagã do que os contornos do báculo papal. Não tardaria a vir, em 1231, a Dieta de Worms, postulando a soberania do príncipe, e dando azo a que a semente dos desentendimentos, que tanto tempo perduraria, germinasse e se espalhasse pelo fértil campo das ganâncias políticas.

A própria ideia do Cristo-Rei, como então elaborada – depois corrigida –, deixava o vislumbre de um apelo à política, a despeito de o próprio Cristo não ter querido isso. "O meu reino não é deste mundo". Surgia o Estado de anatomia bicéfala: papa e imperador. É-nos difícil dizer quem mais intervinha. Se a Igreja no Estado. Se o Estado na Igreja. A ideia do império cristão, a *translatio imperii*, que protegeria o papa e abençoaria o imperador, deu aos papas um perfil temporal, que ressurgiria na aliança com Oto I, o Grande, como uma necessidade histórica. O apelo sonoro dos portentosos sinos reboava sobre a mansidão de um tempo em que as inquietudes sociais não se haviam tornado abertas e, por isso, não nos deixa margem a maiores digressões quanto à intervenção na economia, de uma feita que o controle, quanto a esta, estava de tal modo solidificado que muito pouco um eventual intervencionismo teria o que fazer.

De qualquer sorte, São Francisco das Chagas não esquecera os pobres. Ele próprio, voluntariamente, fizera-se pobre. Mas qual seria a contribuição do Pobrezinho de Assis em termos macroeconômicos? Ainda que microeconomicamente, ele e seus poucos seguidores iniciais não tivessem muito a fazer, embora houvesse tanto por fazer e se tenham esforçado ao extremo para obter algum resultado prático mais relevante por meio da pregação do Evangelho e do exemplo de vida em obediência a ele, que tão bem defende os pequeninos e miseráveis.

O *Defensor Pacis*, de Marsílio de Pádua, por seu turno, não interveio na economia. Sequer atendeu à paz, mas prestou-se a fortalecer o príncipe perante o papa. Também aqui nada de intervenção na economia. Mesmo aqueles que se opuseram, como Dante, à intromissão do poder papal nos assuntos terrenos, contentaram-se em mourejar no campo da política, sem descambar para a economia, ao nível do que o príncipe e o papa poderiam fazer, dada a influência de que dispunham. "Para entender esse ponto", assinalaria Dante em *Da Monarquia*, "lembremo-nos de que ser Papa e ser homem são duas coisas diversas. Assim como, também, ser Imperador e ser homem". E o intervencionismo, mesmo quando mais adiante viesse a surgir, estaria plantado na Terra dos homens...

3. Em tempos menos ancestrais

Bodin, tão importante na crônica da soberania estatal, faz um leve e apressado aceno aos problemas econômicos, mormente os tributários. De forma que não lhe negamos, de permeio a sua exaltação do Direito Natural, e, em consequência, de seu respeito pela justiça, o fato de que intenta proteger a propriedade dos súditos ante as atitudes atrabiliárias dos soberanos, atitudes essas que, em certas passagens, procura defender. Numa só citação, tirada dos *Seis Livros da República*, veremos todas essas posturas: "La ley no es otra cosa que el mandato del soberano que hace uso de su poder. Del mismo modo que el príncipe soberano no está obligado a las leyes de los griegos, ni de ningún extranjero, tampoco lo está a las leyes de los romanos en mayor medida que a las suyas, sino en cuanto sean conformes a la ley natural. A esta, como dice Píndaro, todos los reyes y príncipes están sujetos, sin excepción de papa ni emperador, pese a que ciertos aduladores afirman que estos pueden tomar los bienes de sus súbditos sin causa."

Em Hobbes, interessa-nos a preocupação com que a paz, a comunidade, a sociedade e, enfim, o ser humano, sejam preservados pela ação do Estado, o qual, se para isso tiver de robustecer-se, que se robusteça, sem que, contudo, se faça necessariamente absolutista. Mas Hobbes não vê bem como possa o Leviatã fugir disso. O intervencionismo não se compadece de um Estado anêmico, sem que isso implique a imprescindibilidade de um estado sem freios. As necessidades humanas básicas e o direito natural de satisfazê-las, são, não há negar, prejudicados pelas discórdias, embora a causa das discórdias não sejam indispensavelmente as indicadas por Hobbes: competição, desconfiança e glória. Citemos uma passagem do Leviatã: "Com isto se torna manifesto que, durante o tempo em que os homens vivem sem um poder comum capaz de os manter a todos em respeito, eles se encontram naquela condição a que se chama guerra". Está na teoria hobbesiana a efígie do contratualismo, também presente em Locke e, depois, em Rousseau, assim como antes estivera no pensamento de Althusius, bifurcado no contrato de sociedade ou de comunidade, e no contrato de dominação e submissão.

São doutrinas que não podem absolutamente ser averbadas de intervencionistas. Trazem porém, em seus cernes, em pequenos grãos, momentos, digamos, de boa vontade em relação àquilo que o Estado pode fazer em prol do súdito ou do cidadão. São acenos tão tímidos que nos fazem, por vezes, vacilar com relação a suas tendências em defesa de uma ação protetora da economia por parte do Estado. E essas tendências se fazem mais distantes quando as vemos pelas lentes da macroeconomia. No entanto, já eram alguma coisa.

4. Contribuição do liberalismo político

Na órbita da Ciência Política, a contribuição do liberalismo caminha paralelamente ao que ocorre com sua visão econômica. É tese. E, como toda tese, instigadora da antítese, em moldes de terminarem por se entrelaçar na síntese criadora de uma terceira posição, que enriquece o processo criador da realidade. Somente por essa razão, falaremos aqui no liberalismo político.

Se muitas foram as influências do liberalismo econômico na órbita da História, não menos fortes foram suas consequências no que tange à Política. Com relação a esta, suas luzes foram tão aclaradoras que existem até mentes privilegiadas que se deixam ofuscar com suas decorrências.

A luta da coroa contra a mitra amainara, em virtude das indisfarçáveis conquistas que a primeira obtivera em seu prol. Grandes pensadores haviam militado em favor do soberano, engrossando fileiras que, ao estímulo da sorte das armas principescas, e do poder político, faziam-se tão robustas que enfraqueciam quaisquer esperanças de se deixarem romper. Era a vitória do príncipe, em cujo derredor o próprio clero começou a buscar o pálio do poder, transpondo aos poucos e, quando possível, silentemente, as cidadelas da realeza.

Do lado de fora, comprimiam-se, encostados ao desamparo das rudes e altas muralhas das grandes cidades, aqueles em cujas veias não circulava a invencionice do sangue azul, ou aqueles a quem a sotaina não levara até aos regaços palatinos ou, no mínimo, ao austero silêncio das catedrais. Do lado de fora das muralhas das cidades, espremia-se a patuleia, a chusma, a populaça – indignificada até pelos apelidos pejorativos – aquela que, com a vitória da Revolução Francesa de 1789, passaria à dignidade de povo. Em seu conjunto, encontrava-se, minoritária, a burguesia, já que burguês, o habitante do burgo, era, de início, sinônimo de pobretão.

Não obstante, um largo tempo depois, o burgo não era mais o mesmo. A nobreza, gastadora, e estéril como fonte de trabalho e de produção, arruinara-se, em evidente grau, economicamente. Sua antiga riqueza fora aos poucos se transferindo para os burgueses, ativos e vocacionados ao comércio. Os galeões da florescente mercancia, cidadelas soltas ao mar e resguardadas pela riqueza, tanto quanto as subsequentes operações mercantis firmadas em terra, haviam transformado as feições do burgo e dos seus habitantes. O burguês foi, paulatinamente, enriquecendo e afastando-se do resto do povo. Postando-se em palácios, os quais, se não eram nobres e guarnecidos do poder político, tinham pelo menos o conforto propiciado pela riqueza e os enfeites da ostentação. Em grande parte, não mais existia o velho burgo, até porque não mais o discriminavam as muralhas da cidade, em cujos pés, anônimo e desamparado, outrora se postara. Para essa burguesia enriquecida, o antigo burgo ficara para trás. Permaneciam denominados burgueses, porém ricos. Ricos, mas insatisfeitos. Faltava-lhes o poder político, que faz mais robusta a riqueza, até mesmo porque ajuda a mantê-la e a aumentá-la. No entanto, para empalmar as rédeas do poder político, duas coisas seriam necessárias: o povo, que já não mais viam como patuleia ou chusma, e um substrato filosófico. Foi então que os burgueses ricos se lembraram de que também eram povo, embora deste se houvessem afastado. Reencontraram o povo. E o substrato filosófico? Este eles encontrariam na liberdade, o estandarte flamejante e imbatível, uma vez que desfraldado na multidão dos fortes braços morais de um povo oprimido e espoliado.

A preparação da grande liça onde se travaria a batalha decisiva entre a burguesia enriquecida e o Estado absolutista, marionete de uma nobreza que se arruinava economicamente, corporificado no soberano e em seus desmandos, não seria tão simples como, aos desavisados, pode parecer. O povo tinha que estar preparado. A pregação da liberdade precisava de um escudo por trás do qual a burguesia disfarçasse seus reais intentos. Até porque se cuidava, a rigor, apenas da *liberdade da burguesia*, conquanto se resguardasse tal objetivo sob a armadura ideológica da *liberdade de todos*. O escudo tão almejado seria o Direito Natural, cujas existência e importância não desconhecemos, desde que estivesse liberto das artimanhas dos interesses pouco confessáveis.

Para cometimento de tais proporções, todo contributo sistematicamente alcançável seria útil. A fim disso, a nobreza mesma já oferecera, na Inglaterra, valiosa contribuição, ao rebelar-se contra o rei, pretextando defender o povo. Os sucessos político-filosóficos daí decorrentes terminaram, conforme lembra Paulo Bonavides, em *Do Estado Liberal ao Estado Social*, por gerar um filósofo. Ninguém menos do que do que Locke.

A importância do pensamento de Locke para a construção do liberalismo político não é menor do que o foi para a arquitetura do liberalismo econômico, coisa que vimos em passagem antecedente. Aliás, diferentemente não poderia ser, de uma feita que entremeados tanto as duas facetas do seu pensamento quanto esses dois aspectos do liberalismo. O travejamento teórico é um todo, porquanto a origem e os desdobramentos práticos redundam entrelaçados.

O filósofo de Wrington é otimista. Acredita na bondade humana, embora reconheça que a propriedade possa aguçar apetites. Não se preocupa muito – aparentemente, como se infere de uma de suas frases – em frear o poder por intermédio do Direito, preferindo considerar que em "todos os estados e condições, o verdadeiro remédio contra a força sem autoridade é opor-lhe a força", como diz no *Segundo Tratado sobre o Governo*. A gênese da sociedade política é, para ele, contratualista. Mas seu contratualismo se reveste de indisfarçável motivação econômica: a propriedade. O Estado não se erige como fim, porém como um instrumento destinado a aplainar arestas em favor da liberdade antes naturalmente existente, ou a completar as condições que faltavam no estado de natureza: *a*) lei estabelecida, firmada, recebida e aceita mediante consentimento comum, a qual funcionasse como padrão do justo e como medida para a solução das controvérsias entre os seres humanos; *b*) juiz "conhecido e indiferente", com autoridade para solucionar quaisquer dissensões, mas sempre conforme a lei; *c*) garantia de execução das sentenças, por um poder que as sustentasse. Tais falhas no estado de natureza convenceram os seres humanos acerca da conveniência da sociedade política, a despeito de, naquele, o ser humano viver numa "comunidade grande e natural".

O intervencionismo eventualmente encontrável no pensador inglês não passa, como seria de esperar de um liberalista convicto, de suas ideias acerca da tributação. Sempre como tese político-econômica inspiradora mormente da antítese econômica, segundo temos visto. E surge sob o manto da tributação. Esta, ao invés de ser imposta, é instituto consentido e atua em contrapartida à proteção assegurada pelo Estado. "Verdade é que os governos não podem sustentar-se sem grande dispêndio", escreve ele na obra recém-mencionada, "sendo natural que todos quantos gozam de uma parcela de proteção paguem do que possuem a proporção necessária para mantê-lo. Todavia, será ainda com seu próprio consentimento, isto é, o consentimento da maioria, dado diretamente ou por intermédio dos seus representantes. Se alguém pretender possuir o poder de lançar impostos sobre o povo, pela autoridade própria, sem estar por ele autorizado, invalidará a lei fundamental da propriedade e subverterá o objetivo do governo."

Em um daqueles momentos de elogiável antecipação doutrinária, Locke vislumbra uma figura que, séculos depois, será feita translúcida, pela elaboração conceitual mais precisa que alcançará, após merecer a atenção cuidadosa e percuciente de autores do porte de um Eros Grau: a capacidade normativa de conjuntura, à qual voltaremos no próximo capítulo, quando tratarmos dos institutos de sustentação do Direito Econômico. Grafa o pensador inglês, ao debuxar a figura da *prerrogativa*, que "o bem da sociedade exige que várias questões fiquem entregues à discrição de quem dispõe do poder executivo; porque não sendo os legisladores capazes de prever e prover por meio de leis tudo quanto possa ser útil à comunidade, o executor das leis, tendo o poder nas mãos, possui o direito de, pela lei comum da natureza, fazer uso dele para o bem da sociedade (...) até que o legislativo, convenientemente reunido, providencie a respeito". Aqui, tanto quanto a efígie da capacidade normativa de conjuntura, é-nos possível vislumbrar a antecipação das ideias do poder discricionário administrativista, da função integradora do Direito Natural e – o que nos interessa mais de perto neste trabalho – da força intervencionista do exercente do poder executivo, coisa que termina por valer dizer: do Estado. Tudo isso partindo de um autor tipicamente liberalista. É que ele, ao gizar os contornos da prerrogativa, teve o cuidado de pôr o interesse público como bitola da mesma. E, se cuidou do interesse público, deixou espaço para que, neste último, incluamos, numa interpretação nossa, os ditames de natureza macroeconômica.

De uma ou de outra maneira, a forma lockeana de enquadrar o problema, a despeito das observações contidas no parágrafo anterior, dá margem à acertada visão de Paulo Bonavides, em sua obra há pouco citada, ao asseverar que se tem um degrau para o liberalismo político pleno.

Não obstante o pensador inglês haja alicerçado o liberalismo político, foi um filósofo nascido e vivido na quietude do Castelo de *la Brède*, nas proximidades de Bordeaux, o verdadeiro arquiteto das vigas mestras efetivas dessa escola de pensamento, desenhando compartimentos e levantando divisórias que visavam aos freios que a prática potestativa estava por merecer, a fim de que as arremetidas desta não prosseguissem insuperáveis. Referimo-nos, como é óbvio, a Montesquieu.

Foi ele, na verdade, convenientemente precavido contra os apetites do poder. Cuidou de pôr-lhe rédeas severas, capazes de subjugarem o absolutismo, amarrando-o numa tripartição de poderes rígida e precisa. Cava um fosso em relação a Bodin. Vê na soberania estatal perigo sempre latente, ávida de servir somente ao Estado, o que implica dizer, nas condições da época, ao príncipe.

Analisada sob a ótica deste livro, o que corresponde a dizer, em termos hodiernos, a doutrina do autor de *De l'Esprit des Lois* traz limites, coerentes com seu pensar, ao intervencionismo macroeconômico, de uma feita que meçamos esse com a mesma régua usada por Montesquieu para sua divisão tripartite dos poderes estatais. Põe limites. Todavia, não o impede, desde que efetivado à luz da separação que ele traça para os poderes. Com efeito, é de suas lições que nos advém o ponto de vista de que a liberdade é o direito de fazer tudo que as leis permitem, de tal sorte que, se elas permitirem o intervencionismo, que seja ele praticado. Não estamos com isto querendo afirmar que o filósofo francês haja pensado em intervencionismo macroeconômico. Mas, repetimos, se as leis o possibilitarem, impedi-lo é que não se faz correto. Enfim, para ele, num raciocínio contrário, se fosse permitido ao cidadão fazer tudo que as leis proíbem, nem por isso ele abriria mais seu leque de liberdades, porquanto os outros teriam também tal poder.

No surgimento dessa liberdade e em sua manutenção, está, inarredável, a exigência da separação dos poderes, coisa em que, aliás, Locke já se detivera, embora de maneira menos rigorosa e numa configuração tetrapartite. A concentração de poderes só vem atiçar as labaredas destruidoras da liberdade. Por essa razão, o dogma da separação dos poderes está posto nos fundamentos de todo o constitucionalismo que se lhe seguiu. Nem mesmo quando as preocupações sociais começaram a retocar-lhe os quadrantes, em nome da denominada justiça social, os ensinamentos do pensador de *La Brède*, perderam sua valia. No constitucionalismo moderno, ninguém se atreveu a misturar de novo os poderes. Algumas peculiaridades da macroeconomia – e da microeconomia também, mas esta não vem ao caso – aconselharam maior aproximação entre os poderes. Porém mesclá-los, jamais.

A administração e o governo, bem como a legislação, seriam fruto da vontade de todos. *La volonté de tous* estaria na base, qual pedestal sólido e glorioso, das decisões emanadas do poder estatal. Isso lhes daria eficácia, de uma feita que tudo estaria ornado de legitimidade.

As duas ressalvas que fazemos a Montesquieu são de ordem terminológica, uma, e de ordem pragmática, a outra.

Sob o prisma terminológico, assemelha-se-nos inadequado que ele tenha falado em *poderes*. Na verdade, a separação é de *funções*. Funções do Estado. Por ele exercidas. Poder é capacidade efetiva de exercer influência. Seja influência política, influência econômica ou influência social. Para exemplificar, basta percebermos que, numa ditadura férrea, um legislativo consentido e manietado pelo executivo, não tem, ou quase não tem, poder, já que não dispõe da capacidade efetiva de influenciar. Mas exerce funções, embora estas lhe sejam ditadas de fora. Do executivo. Em 1815, na Itália, Romagnosi já percebia que o real poder se assenta nas forças existentes na sociedade. Não na rigidez divisória das funções. Sua falha consistiu apenas em identificar incorretamente essas forças. Para melhor constatação, bastaria olhar para a França mesma, onde a espada de Napoleão, um corso, encarregar-se-ia de estraçalhar posturas políticas inteiras, restaurando a monarquia em meio a todo um movimento revolucionário vitorioso, que se fizera em nome da república. "Não seria suficiente", estampa Fávila Ribeiro em *A Ordem Jurídica e a Transformação Social*, "como não tem sido até hoje, remodelar a ordem política ou a ordem jurídica, ou as duas simultaneamente, sem o correspondente embasamento social, pois faltaria compatibilidade nos níveis de progresso, implantando-se uma ordem política e/ou jurídica sem ressonância na realidade, como edificação de fachada".

Quanto ao ângulo pragmático, diz respeito a sua ideia de *vontade de todos*. Ora, o ser humano é um animal racional. Ter racionalidade significa estar dotado da capacidade de escolher suas alternativas de conduta. Capacidade de optar. Nunca encontrar-se atrelado ao determinismo da natureza, embutido no instinto, como sói acontecer com os animais irracionais. Desse modo, jamais se encontrará um povo cujas vontades individuais estejam todas em uníssono, voltadas num só e exato sentido. O coro unânime de *la volonté de tous* é inviável. Impossível. Assim, os intentos democráticos ínsitos a essa ideia de Montesquieu, conquanto elogiáveis, são inalcançáveis.

Rousseau iria apresentar a saída para essa via estreita demais. É a sua ideia de *la volonté générale*, a vontade geral. Ainda não é uma saída aplaudida por todos, eis que alguns autores indigitam-lhe um certo teor de autoritarismo. Mas é a saída possível, sobretudo se nos lembrarmos de que a decisão efetiva da vontade geral há de vir acompanhada da livre manifestação de pensamento, apta a fazê-la, mesmo sem ser a mesma coisa que vontade da maioria, mudar de rumo, norteando-se por aquilo que, no amplo e solto debate, possa tornar-se algo passível de ser alcançado, como alcançável não é a vontade de todos.

As características do liberalismo político-jurídico no que toca ao intervencionismo, ainda que a escola não tenha visado a isso, dão-nos a percepção de que contribuem para dificultá-lo nuns pontos e para facilitá-lo noutros.

Dificultando-o, temos o relevo atribuído à vontade individual, levando o indivíduo ao poder de inaceitar determinadas providências de finalidades macroeconômicas; a pregação do absenteísmo estatal, afastando o poder político da orientação – não dirigismo – da economia; a ideia de livre escolha da iniciativa econômica a que se dedicar, como parcela do patrimônio libertário do cidadão, o que poderia aconselhar o empresário a não seguir os ditames voltados ao desenvolvimento como um benefício à coletividade; o legalismo estrito, principalmente ao nível da hermenêutica constitucional, prejudicando certas aberturas interpretativas beneficiadoras da vida macroeconômica; a pregação do sufrágio universal, o qual, um bem em si mesmo, se distorcido pelos interesses dos mandões na comunicação de massas, pode induzir o povo menos politizado a escolher erradamente seus mandatários; a força de lei imposta aos contratos, impedindo maior maleabilidade nas negociações de interesse macroeconômico, em nome do princípio da inatacabilidade do ato jurídico perfeito, mesmo quando ilógico e estapafúrdio; a propriedade privada como algo intangível, criando óbices a figuras típicas do intervencionismo, como as desapropriações por interesse público ou social; entre outras inconveniências.

Facilitando-o, encontramos a preocupação com a dignidade do ser humano, pois não podemos olvidar que, entre as facetas mais notáveis da dignidade humana, estampam-se o direito a uma vida numa situação de liberdade, de bem-estar, de educação, de sadio lazer, de saúde individual etc. Alguns dos princípios mencionados no parágrafo antecedente, os quais, numa realidade aparentemente paradoxal, se vistos de outro ângulo, podem também facilitar o intervencionismo estatal, conforme é o caso do legalismo estrito, pois a lei tem como impor-se, uma vez que regularmente aprovada, contra as ambições individuais.

Jamais poderemos dizer que o intervencionismo estatal significa, por si só, opressão. Às vezes, relembrando o contratualismo, evita-a. Opressão, é certo que possamos indicar em relação ao dirigismo. O principal problema consiste em dimensionar as consequências da asserção de que as leis devem ter igual aplicação a todos. Raciocinando em termos de norma jurídica, estatal ou não, esse dimensionamento rígido anularia a ação corretiva do Estado, desde que tal ação corretiva intentasse aquinhoar desigualmente seres desiguais. Isso é que se intitula justiça, como diria Rui Barbosa. Com efeito, a lei não é um fim em si mesma. A justiça é que o é. É inclusive a finalidade da própria lei. Daí por que, se a lei intervencionista objetiva corrigir iniquidades, estará colimando o ideal e a prática da justiça. Injustiça, em casos tais, seria não intervir.

Seria o caso de perguntarmos, com Fleiner, em *Droit et Justice*: "Mais, dans quelle mesure le législateur est-il lui-même tenu de respecter le principe d'égalité se veut réaliser ce postulat de la justice?" Pensamos que já é tempo de abandonar a ideia de um Estado – ou de uma sociedade – ditando normas aritmeticamente iguais para todos. Já se pode pensar em contrabalançar a situação dos menos favorecidos, com leis que sejam iguais para os iguais, mas diferenciadas em favor dos menos afortunados. O mesmo se há de asseverar com relação às posturas interpretativas das leis: a interpretação não há de ser hirta, inflexível, para todos. A tarefa é difícil, mas ficando os legisladores e os aplicadores zelosos das aconselháveis amoldagens legiferativas e interpretativas frente aos casos concretos, diminuiriam as ensanchas de injustiças. E é ainda o citado professor da Universidade de Fribourg quem aduz: "Il incombe à l'État de veiller à ce que chacun puisse mener une existence décente. Chacun doit donc pouvoir vivre librement et raisonnablement et il appartient, par conséquent, à l'État social, fondé sur le droit, de garantir ce *minimun vital* (...) Dans ces limites, il se peut même qu'un traitement inégal soit non seulement admissible mais qu'il se révèle indispensable".

O liberalismo político, ao qual parece repugnar a simples ideia de um Estado intervencionista, acoimando-o de liberticida, fecha os olhos à intervenção, por vezes mais cruenta, dos interesses econômicos privados, os quais, amiúde, penetram no mais íntimo da vida do ser humano, impingindo-lhe decisões e acertos inaceitáveis, eis que maquinados às escuras e egoisticamente. Numa grande cidade suíça, para exemplificar, uma empresa imobiliária obrigou seus locatários a não terem filhos. Ineficaz juridicamente a cláusula respectiva, diriam, por certo, os corifeus do liberalismo. Não negaríamos que o fosse, pelo menos nos termos do nosso Direito. Mas o certo é que o fato aconteceu e, ao lado dele, muitos outros de igual gravidade devem ter sido praticados. E o que é pior: nem sempre existe, tanto lá como aqui, e mais aqui do que lá, socorro aos atingidos por semelhante coação, mormente se desprovidos de poder econômico, social ou político. O fato acima aludido está num relatório do Conselho de Estado da Suíça. Da Suíça! Transcrevemos um trecho do dito relatório, segundo o testemunho de Fleiner, no livro antes mencionado: "On a entendu dire récemment que de nombreux citoyens craignent de recourir aux moyens juridiques que fournit le droit civil en raison notamment de la lourdeur de la procédure et des frais qu'elle peut entrainer; l'efficacité du droit privé s'en trouve diminué. Il nous parait dès lors nécessaire de faire examiner dans quelle mesure le citoyen fait encore usage de ses droits et jusqu'à quel point le droit privé peut contribuer à assurer le libre développement de la personne".

Creditamos toda razão aos que, como Laubadère, pugnam por que a organização do poder econômico do Estado – mas também a do poder econômico *no* Estado – inscreva-se na organização política e administrativa geral da entidade estatal. O controle do poder econômico não pode ficar dissociado do controle do poder político, assim como do poder social, sem que com isso queiramos dizer que as coisas se confundam. Basta inserir, no seio do aparelhamento estatal, como tende a fazer o constitucionalismo moderno, a clara identificação dos órgãos incumbidos de conduzir as ações econômicas, sem, no entanto, dirigi-las totalmente. E quando se cogitar da intervenção macroeconômica, tal condução precisa ser ampla, porém na forma da lei. Ademais, nos parlamentos, nas deliberações e ações governamentais, o sentimento popular e o querer da sociedade se hão de fazer ouvir, e não somente a voz da plutocracia e do poder político.

Longe do abúlico Estado liberalista, cuidamos de acometer com destemor as barreiras que se antepõem ao desenvolvimento, em sua conceituação exata, ou seja, amplo e abrangente de todas as faces da vida sadia: econômica, política, sanitária, educacional, laborativa, libertária etc. Urge se faça isso, mesmo que implique a contrariedade do individualismo, tão caro à pregação liberalista. A sociedade é mais do que a simples soma dos indivíduos. Compõe-se de seres humanos, num contexto de interação plena, de uma psicologia de massas. A sociedade tem seu ser no abraço entre irmãos cônscios de sua *fraternidade*, esta que foi o princípio mais esquecido da tríade revolucionária francesa: liberdade, igualdade e fraternidade.

É certo que ainda é preciso acreditar no Estado. Fazê-lo, porém, de olhos fixos nos objetivos da permanência de um fluxo e de um contrafluxo de demandas entre a sociedade, primeiramente, e o Estado, com seu papel ordinatório, a seguir. Não sejamos tão descrentes da função intervencionista do Estado. Outrossim, não a temamos. Digamos com Delitala, em *La Crisi del Diritto nella Società Contemporanea*: "Solo se questa fede se manterrà, lo Stato potrà sopravvivere; se vacilla sarà certo ancora una volta al trionfo della violenza". Mas que não se confunda o Estado com o poder *de* seres humanos, porém o Estado como poder *dos* seres humanos em sociedade civilizada e sã. Que se evite o Estado totalmente livre. Sendo-o, poderia deixar de ser o Estado-dos-seres-humanos-em-sociedade, para ser apenas *o Estado*, apto a excluir a necessária referência aos valores democráticos do Direito. E, sendo somente o Estado, poderia sê-lo a seu talante, oprimindo o indivíduo humano, ou a sociedade, ou voltando ao determinismo do estado *da* natureza.

5. Dois marcos do autoritarismo

Deixamos para o fim deste capítulo a tarefa de falarmos acerca de Maquiavel e de Hegel. Mas por que juntos dois autores tão distintos? O primeiro, a quem se atribui o mérito de ser o pai da Ciência Política e que viveu de 1459 a 1527, foi indutivista – digamo-lo, por antecipação –, preocupado que era com as situações de fato por excelência. O segundo, nascido em 1770 e falecido em 1831, idealista transcendental objetivista. Ambos com sistemas filosóficos inteiramente diferentes. A decisão de apresentá-los juntamente se deve ao conteúdo autoritarista dos seus pensamentos. Sobre um tal conteúdo, não fica difícil assentar as bases de um intervencionismo estatal, embora não o queiramos absolutista, nos termos que já deixamos claro em diversas passagens deste trabalho. Nessa abertura de seus sistemas filosóficos à aceitação intervencionista, foram parecidos. Na verdade, porém, nisso não pensaram, até pela razão de que as condições históricas, políticas e mormente econômicas para a intervenção do Estado na economia somente iriam despontar *completamente* algum tempo depois deles, sobretudo depois de Maquiavel.

Maquiavel contemplava a realidade de seu tempo na Península Itálica e sonhava a existência, ali, de um Estado – palavra que ele inaugura com o sentido que hoje tem – forte, liberto das rivalidades então reinantes, e em condições de ter voz altiva no contexto da política europeia. Não se ocupava muito de pruridos morais. Queria ver, isto sim, as reais possibilidades de um governo estável, a dar margem ao aparecimento de um Estado nacional italiano. Para tanto, curvou-se sobre a História, buscando inspiração nos romanos, daí seus *Discursos sobre a Primeira Década de Tito Lívio*. Entretanto, sua obra mais importante e mais conhecida é *O Príncipe*, título que não seria de esperar fosse outro, de uma feita que os governos de seu tempo eram todos monárquicos e a eles é que se endereçavam seus conselhos.

Entendia que os fins justificam os meios. Que governo estável é aquele que dispõe de súditos de estômagos cheios e cabeças vazias. Procurava assinalar que todo o mal que o príncipe desejar fazer deve fazê-lo de uma só vez, enquanto que o bem a ser propiciado aos súditos convém seja outorgado aos poucos, com se estivesse observando que os súditos – o povo, na linguagem mais recente – têm a memória curta. O príncipe, aduzia, não se deve preocupar em ser querido, porém em ser temido. Acolhia até mesmo a ideia de o príncipe agir fraudulentamente ou de maneira violenta, para atingir seus intentos de domínio.

Não aplaudimos os conselhos de Maquiavel. Compreendemos, no entanto, que o intervencionismo estatal, se estivesse presente em sua construção intelectual, encontraria nela espaços para ampla guarida. A pena é que essa guarida somente seria por ele contemplada na hipótese de ser útil aos intuitos de estabilidade do poder dos governantes e não necessariamente aos desejos e às conveniências do povo.

Hegel foi um filósofo deslumbrado pelos Estados e governos fortes. Contudo, não é por aí que devemos começar. Aliás, com isso não concordamos.

Tudo é pensamento, entendia ele. Fora deste, nada existe. As formas subjetivas do pensamento são, ao mesmo tempo, formas objetivas da realidade. São a razão objetivada. Tudo o que é real é racional. E tudo que é racional é real. Em decorrência inexiste a possibilidade de uma discordância entre o ser e o dever ser. Exatamente por se identificar com a Ideia, o fato é divino. É digno de ser adorado.

Sua filosofia é evolucionista e triádica. Evolucionista porque para ele nada é. Tudo devém. Triádica, pela circunstância de que trabalha sempre tendo em nota três momentos. Tese, antítese e síntese são o seu caminhar filosófico. Tudo dialeticamente. A Ideia devém por força de contradições, de contrastes. O absoluto só é cognoscível em termos de um conjunto de conceitos. Jamais, por um só conceito. Por isso, o conceito posterior é sempre mais rico do que o anterior. Aquele contém em si este último. O grau superior é a verdade do inferior.

O primeiro momento da Ideia é a Ideia em si. Em seguida, a Ideia sai de si e é a Ideia fora de si, exteriorizada na forma de espaço e tempo. Mas acontece que a Ideia, nesse momento, volta-se sobre si mesma e chega a um terceiro momento. Temos aí a Ideia em si e fora de si, ou a Ideia em si e por si. Nessa volta a si mesma, a Ideia se faz espírito, este que também tem três momentos: espírito subjetivo, espírito objetivo e espírito absoluto.

A forma do espírito que Hegel chama de espírito subjetivo abre-se igualmente em três momentos: alma, consciência e razão. Ao espírito objetivo correspondem os momentos do Direito, da moralidade e do costume, os três com significação específica que Hegel lhes confere. E os três momentos do espírito absoluto são a Arte, a Religião e a Filosofia.

O primeiro momento do espírito objetivo é o Direito, que tem sua realidade no livre querer, isto é, a liberdade mesma vista na sua existência externa, estabelecida no exterior. O querer do ser humano é livre em essência. É livre por ser querer. Então, dado o fato de que a liberdade externa é defeituosa, ela regressa a si mesma e se faz consciência moral, moralidade. É o momento subjetivo do dever. Mas este é também insuficiente e incerto. Em consequência, chega-se à síntese, que é o costume. A vida ética efetiva, concreta.

Ao costume correspondem identicamente três formas de organização. A família, a sociedade civil e o Estado. A sociedade é forma de organização espontânea, enquanto que o Estado é forma de organização jurídica. O Estado é o âmbito de realização do ser humano. É o nível mais alto do espírito objetivo. Acima do Estado, só o Absoluto. E aqui nós vamos deixar elucidado o porquê de termos trazido Hegel a este livro. Se o Estado é o âmbito de realização do ser humano, então não há como este escapar à soberania daquele. Um ser humano pode até, em dadas circunstâncias, estar sujeito a duas ou mais soberanias estatais. Jamais o estará a nenhuma. E tendo em vista que o ser humano se realiza no âmbito do Estado, este pode determinar sua conduta, inclusive embutindo nela a indicação a ser seguida para o bem de si mesmo e da coletividade. E esse bem de si mesmo, ou da coletividade, pode ser perfeitamente a intervenção no domínio econômico, por motivos e em dimensões macroeconômicos. E, enfim, qual o instrumento para atingir esse desiderato? Perguntamos. E respondemos: o Direito Econômico.

Capítulo VI
INSTITUIÇÕES DE DIREITO ECONÔMICO

1. Conceito de desenvolvimento. 2. Intervenção no domínio econômico. 3. Capacidade normativa de conjuntura. 4. O princípio da propriedade como função social. 5. A extrafiscalidade. 6. Natureza e estrutura da norma de Direito Econômico.

1. Conceito de desenvolvimento

As instituições de Direito Econômico são todas voltadas para o problema do desenvolvimento. Faz-se indispensável, por conseguinte, delinear, logo de saída, o que é desenvolvimento, a fim de que possamos assentar os fundamentos, as especificidades e a razão de ser dessas instituições.

É tarefa um tanto complicada a de traçar o conceito de desenvolvimento. Não é raro os autores fazerem confusão entre desenvolvimento e outros conceitos parecidos, como os de mudança, de crescimento econômico, de progresso, de evolução, de revolução e de mudança social em sentido estrito. Isso é um equívoco que precisa ser corrigido. E é o que tentaremos efetuar neste tópico.

Comecemos pelo gênero, para, somente após isso, descermos às espécies. E o gênero a que nos reportamos é a ideia de mudança. Não cuidamos, por enquanto, de mudança social em sentido estrito, que também é espécie do gênero mudança. Uma das formas de mudança. Trataremos, agora, de mudança. Apenas mudança. Sem adjetivação, portanto.

Mudança, que vem de *mudar*, que por sua vez origina-se do latim *mutare*, é tudo que altera, que modifica a realidade até então reinante.

Assim, há mudança econômica, mudança jurídica, mudança política, mudança de escolas filosóficas, mudança climática, mudança demográfica, mudança na moda, mudança social em sentido estrito, e muitas outras. Já se vê que o desenvolvimento econômico é também espécie do gênero mudança. E nesses moldes é que teremos de visualizá-lo, de uma feita que de outro modo não é possível fazê-lo.

Desenvolvimento, de *des* mais *envolver*, este do latim *involvere*, com o sufixo *mento*, é noção cúbica. Não ostenta o caráter linear que, por exemplo, o conceito de progresso apresenta. É como que um progresso que se verificasse em todas as direções: direção econômica, direção educacional, direção sanitária, direção dos transportes, direção ambiental, direção do lazer etc. Desenvolvimento, pois, não é apenas crescimento econômico, e muito menos ainda, simples produção de riqueza. Pressupõe distribuição, ou redistribuição da riqueza, em favor do bem-estar social.

Segundo a opinião de Celso Furtado, em *Teoria e Política do Desenvolvimento Econômico* – permitimo-nos discordar do grande economista quando ele usa a expressão "Desenvolvimento Econômico", de maneira reducionista, limitando o conceito de desenvolvimento ao de crescimento econômico, pois o atrela somente à economia –, toda coletividade humana é capaz de criar um excedente que gera a acumulação de capital, de que grupos minoritários têm sabido apropriar-se, em termos permanentes ou ocasionais. No processo acumulativo, o essencial não é a retenção por um grupo minoritário, porém a transformação do excedente em capacidade produtiva, propiciando vantagens indiretas pela elevação do nível de consumo, ensejando a diversificação deste e, por via de consequência, impulsionando as atividades comerciais. Tal diversificação, via comércio, leva, por sua vez, ao aumento da produtividade, tende à especialização geográfica e à maior divisão do trabalho. O intercâmbio possibilita, assim, a concentração de riqueza, e os recursos acumulados são reincorporados ao processo produtivo, aumentando as rendas. O crescimento, diz ele – e agora usa, consoante nossa ousada crítica acima, a ideia de crescimento –, é proporcionado pelo incremento da produtividade e a apropriação do fruto desse incremento pelos já referidos grupos minoritários. Os bens reincorporados ao processo – bens de capital – diferenciam-se dos bens correntes, de consumo. Quando a economia apresenta certa complexidade, é preciso que a procura tenha certa composição para que o processo produtivo funcione normalmente. A composição da procura, por sua vez, está condicionada à distribuição de renda, isto é, pela forma como os distintos grupos se apropriam do excedente. No suporte de tudo isso, está o sistema institucional que se tece no que tange ao processo de apropriação do excedente, resultando daí o *elemento básico do processo social que engendra o desenvolvimento.* Eis aqui o motivo, em nossa forma de dizer, destes comentários: na base do desenvolvimento, está o processo social, a sociedade em todos os seus quadrantes e não apenas no quadrante da economia. Multifacetada, pois.

Em consequência, podemos afirmar que *desenvolvimento é a mudança operada num grupo social de modo que tal grupo experimente benefícios em todos os seus campos de vivência e de atuação.*

Observamos que o conceito de desenvolvimento ainda é passível de muita discussão. Se pretendermos que seja rigidamente formal, talvez se torne de difícil aplicação histórica. Difícil. Não impossível.

Por outro lado, mesmo fazendo-se histórico, como é de ser, ganha em experienciabilidade, mas perde segurança em sua formulação, já que o desenvolvimento como processo – histórico, portanto – é um contínuo, um constante fluir. Gerundial. Até a origem do processo fica difícil de apontar, porquanto é pouco viável a indicação de uma sociedade sem desenvolvimento algum, considerado o grau dos conhecimentos de cada tempo. O próprio surgimento da sociedade já é a revelação de um desenvolvimento em potência. Depois, de forma lenta ou mais acelerada, ela se vai arrastando ao longo dos séculos e das eras.

Esse raciocínio exige um debate conceitual. A partir de que patamar uma sociedade ou um país pode ser considerado desenvolvido? Isso traz, como corolário, constituir apenas uma pretensa certeza o que seja o subdesenvolvimento, palavra tão ao gosto do saber econômico. O rigor da ilação é implacável. Melhor seria cogitar de sociedade ou país *mais* desenvolvido ou *menos* desenvolvido. Estamos, portanto, de acordo com Balandier, quando trata da *Sociologia das Regiões Subdesenvolvidas*, ao dizer que cogitar-se de países subdesenvolvidos tem mais de aceitação do que de rigor científico.

Os critérios de aferição até agora utilizados para indicar uma sociedade ou um país subdesenvolvidos não esbatem por inteiro a equivocidade e a relatividade. São critérios de alguma utilidade elucidativa, mas não de definição pronta e acabada. Trabalham os estudiosos com critérios de ordem interna, a exemplo das características demográficas, insuficiência da economia alimentar, caracteres técnicos, econômicos, sociais e culturais. Buscam arrimo em características dos elementos de relação, sem cuidar das condições sociais do desenvolvimento: problemas do meio rural – apropriação da terra, desemprego rural oculto, subemprego e outros. Procuram apoiar-se em problemas do meio industrial. Tudo isso ligado ao custo social do desenvolvimento e, às vezes, apenas ao custo social do crescimento econômico, o que é mais condenavelmente restritivo, em nosso modo de ver.

Pelo que vimos, apesar das tentativas de caracterizar o que seja subdesenvolvimento, não há como traçar lindes seguros entre desenvolvimento e subdesenvolvimento. Tentar conseguir esses limites corresponderia a algo tão impróprio quanto pretender traçar fronteiras entre onde termina uma série de ondas do alto mar e começa outra. Inexiste o ponto de referência preciso ou o degrau onde termina o subdesenvolvimento e onde começa o desenvolvimento. O que se pode afirmar é que o grau de desenvolvimento de um certo país ou de uma certa sociedade é mais alto ou mais baixo. Tudo, assim, está dentro do todo, do contínuo, de um certo momento do processo que é o desenvolvimento.

A preocupação com o custo social do desenvolvimento não pode deixar de ser avultada, sob pena de se descaracterizar o processo mesmo como sendo de desenvolvimento, já que a faceta social é um dos pontos nodais do próprio conceito de desenvolvimento. Já no que tange ao custo político do desenvolvimento, as apreensões precisam mais é de coragem para levar avante o processo. Com efeito, é muito difícil introduzir alterações na estrutura da sociedade sem que os reflexos nas elites política e econômica se façam sentir em moldes quase sempre negativos e poderosos.

A natureza teleológica do desenvolvimento tem sido repetidamente assinalada por autores renomeados. Essa questão tem muito a ver com o custo do desenvolvimento, principalmente em sua ótica política. Por isso, toda e qualquer providência realmente desenvolvimentista exige um sólido substrato social. Não se faz desenvolvimento sem que ele tenha condições, por definição, de reverter em benefício de todos. Um dos efeitos dessa realidade é a redução ao máximo das facilidades de apropriação dos excedentes por grupos minoritários. Pelo contrário, consoante escrevemos neste tópico mesmo, a apropriação desses excedentes e, sobretudo, a distribuição das rendas advindas da acumulação só corporificam um processo desenvolvimentista se se espraiarem o mais possível pela sociedade. Se tanto não acontecer, poderá haver crescimento econômico, em favor de alguns somente, mas nunca desenvolvimento. Eis por que assiste razão a Theotônio dos Santos quando adverte que desenvolver significa perseguir determinadas metas que elevem o nível geral de progresso do ser humano e da sociedade.

No entanto, a sociedade mesma, em seus escalões mais altos ou mais baixos, pode criar entraves à eliminação das barreiras que se antepõem ao esforço desenvolvimentista. É o caso, por exemplo, das sociedades ditas tradicionais ou feudais. Ou das sociedades envoltas em alto nível de ignorância ou desinformação. Esses obstáculos amiúde são criados por ação ou omissão inconscientemente instiladas, no corpo social, pela indução subliminar, sorrateira, por parte dos donos da comunicação de massas, pelas elites ou da classe que domina o poder. Depois, alcançado o intento, ficam vendo-o de fora, como se em nada houvessem contribuído para tanto. O próprio tradicionalismo ou feudalismo, ou a própria ignorância ou desinformação da sociedade já constituem, eles mesmos, consequência da dominação, da colonização, quando for o caso, pois a mobilização, racional e planejada, dos recursos imprescindíveis ao desenvolvimento pressupõe uma série de procedimentos econômicos, políticos, psicológicos, financeiros etc. Daqui, surge outra condicionante, aparentemente – só aparentemente – contraditória: a necessidade de coordenar certas forças sociais, econômicas e políticas e gerar uma base ideológica que ajude a mobilizar a vontade nacional ou a vontade social. E isso é o mais difícil. É que a mobilização é feita pelas elites. Todavia, pode acontecer de *uma* ou *outra* elite ou liderança popular ou social romper o círculo de fumaça. Estará desfeito o aparente paradoxo.

Há fatores sociais que são estratégicos no desenvolvimento. Disposição econômica forte, capacidade diretiva e executiva, mobilidade social. Os movimentos sociais deflagram-se por um estado de inquietação e encontram impulso na insatisfação com a forma vigente de vida e no desejo e na esperança de um novo modo ou sistema de existência humana. Têm características evidentes, sendo que, nuns casos, os movimentos sociais gerais são a base dos movimentos sociais específicos. Ou ao contrário. O certo é que algo de tal natureza há de preceder as atitudes mais marcantes e mais frutuosas.

Descobrem-se, com frequência, duas direções teóricas nos economistas. Uma, em que aplicam aos diversos aspectos do desenvolvimento o corpo doutrinário existente em cada matéria. Outra, que desponta como alternativa, quando aplicam uma teoria unificadora do desenvolvimento aos respectivos problemas. Schumpeter, que optou pela alternativa, esboça uma teoria que não se ajusta totalmente aos países e sociedades menos desenvolvidos, pois tal teoria, ao ver a força geradora no empresário, a inovação como processo e como objetivo, o estabelecimento de uma posição de riqueza e poder para o empreendedor, restringe-se à esfera da produção e da oferta e deixa de aspirar, mais diretamente, ao nível de vida da sociedade. Entretanto, as vigas de sustentação da teoria schumpeteriana – força motivadora, processo e objetivo – podem servir a qualquer outra teoria do desenvolvimento. Basta abandonarmos seu empreendedorismo limitador.

Atesta Wallich, no trabalho *Desenvolvimento "Periférico"* – não concordamos com o termo "periférico", pelas razões teóricas acima indicadas –, que o empresário representa apenas um papel secundário na propulsão do desenvolvimento: a mentalidade latifundiária, a desconfiança em relação aos riscos industriais e os remanescentes de um passado feudal fizeram com que capitalistas dos países menos desenvolvidos relutassem em tornar-se empresários. Já que, nos países e sociedades menos desenvolvidos, o empresariado não está à frente do processo desenvolvimentista, são estreitas suas possibilidades de alcançar esse processo, conquanto detenham os excedentes e os frutos da acumulação. Em decorrência, nos países menos desenvolvidos, o processo de desenvolvimento tem no Estado seu agente mais visível e ativo e é predominantemente social e nacional, podendo não ser necessariamente nacionalista no que tange ao ingresso de capitais, bens de capital e tecnologia, quando possível e conveniente. A sociedade, acrescentemos, tem papel menor, pois somente agirá com maior afinco se induzida por quem disponha dos meios para o fazer, inclusive o próprio Estado, via governo bem orientado e orientador.

Por último, lembramos, numa tradução que preferimos seja feita livremente para podermos melhor atualizá-la, as palavras de Sánchez Agesta, em *La Antítesis del Desarollo*. A palavra "desenvolvimento" se converte assim em um dos termos caros ao vocabulário político e científico dos últimos tempos, embora com certa ambiguidade, que talvez favoreça seu impulso político. O termo mesmo contém um desafio para a especulação científica e um acicate para a emotividade do ser humano da rua. A rigor, o desenvolvimento significa a afirmação de um processo e, por conseguinte, de algo que quebra uma situação de estabilidade, porém sem que o ser humano perca a consciência de uma segurança e da possibilidade de prevenir as consequências de sua atividade. Desenvolvimento, na linha de uma mudança, é um termo mais tranquilizador e sossegado do que revolução ou reforma, porque é um crescimento sistemático e dirigido.

Crescimento econômico é conceito bem mais restrito e pobre do que o de desenvolvimento. Do latim *crescere*, crescer, aumentar, com o sufixo *mento*. Há crescimento econômico quando a produção e a riqueza aumentam no âmbito de um país ou sociedade. Mas só cresce a economia. Passa ao largo das melhorias na educação, na saúde pública, no bem-estar coletivo, no conveniente lazer, nos transportes públicos e assim por diante. Enfim, deixa de lado quase todas as linhas mestras de que se ocupa o desenvolvimento, conceito muito mais largo e amplo, conforme já vimos. O crescimento econômico pode beneficiar somente algumas poucas pessoas ou diminuto número de grupos sociais. Tende a levar a acumulação de riqueza a apenas uma estrita parcela da população, que passa a ter demais, enquanto a maioria dos componentes da sociedade continua numa situação de descompasso com as vantagens dele advindas. A renda *per capita* sobe, mas o incremento repercute apenas em poucos, criando uma cortina de névoa capaz de enganar os menos avisados, que não percebam que as vantagens da riqueza não se distribuem por todas as cabeças, porém unicamente por muito poucas.

Progresso, do latim *progressus*, particípio passado de *progredi*, significa, por sua vez, movimento para diante, aperfeiçoamento, marcha aperfeiçoadora. O progresso exige um aperfeiçoamento e, desse modo, o conceito envolve forte elemento valorativo, axiológico. Claro, dependendo da ideia que se tenha de perfeição. Por força disso, Maritain diria que progredir é subir da ordem material à ordem moral. Progredir, para ele, seria espiritualizar-se. É a teoria do progresso linear vertical. Fala-se também em progresso helicoidal. Já a concepção linear horizontal volta-se para o adiantar-se, sem necessidade de reconhecer um fim superior e imaterial a ser buscado pelo afã de progredir. Tal finalidade poderia ser alcançada, mas não como um fim buscado.

Há concepções otimistas e pessimistas de progresso. A existência delas depende da inserção de um palmar elemento axiológico, uma concessão às concepções filosóficas de cada autor. De qualquer sorte, as concepções pessimistas, abstraído o elemento valorativo, vão de encontro à etimologia da palavra. Chega-se mesmo, dentro dessas valorações subjetivas, e num revés etimológico, a cogitar-se de progresso involutivo. Equívoco. Isso não é progresso. É regresso. Exceto se atribuirmos a tal concepção conotações estritamente morais ou apegos nitidamente espiritualistas ou religiosos. Nesses sentidos, poder-se-ia dizer que o progresso material piorou a qualidade moral do ser humano. Mas, de qualquer jeito, só por se falar em progresso material já se estaria admitindo um avanço, embora moralmente – e isto é muito – desaconselhável.

Numa visão objetiva, progresso é conceito que não se compadece do de involução. Involução é regresso, repetimos. Sem razão, pois, os que somente falam em progresso na linguagem de Lessing, isto é, reportando-se a uma diluição da cultura e do espírito humano, em virtude de o homem primitivo ser moral e espiritualmente superior ao homem moderno. Ou mesmo os que se colocam em contraposição a ela, porque a contraposição estaria impregnada da valoração contida na posição. Perderia objetividade, embora nós próprios caiamos no estímulo de ver o ser humano atual mais desapetrechado de moralidade, pelo menos sob o prisma erótico e da honestidade, do que o ser humano primitivo. De qualquer forma, e noutras palavras, dizer que o progresso é positivo porque o ser humano, ao contrário da teoria de Lessing, não piorou moral e espiritualmente, corresponde a conferir o mesmo teor valorativo ao conceito de progresso, recaindo, portanto, na mesma falha tendenciosa de Lessing. O que se pode dizer é que ele elaborou um conceito de progresso voltado apenas a sua escala de valores. Entretanto, a discussão aqui aventada é somente um exercício de especulação espiritualista ou mesmo de filosofia moral. Na verdade, o que importa para as finalidades deste trabalho é o progresso na sua crua realidade material – o que é uma pena! –, pois ao lume do Direito Econômico é essa a conceituação que nos interessa.

Progresso, para o Direito Econômico, é algo objetivo. É deslocamento para a frente. Espécie, assim, do gênero mudança, segundo advertido acima, no início deste tópico. Damos-lhe, neste livro, um sentido quase geográfico e geométrico, sem debater eventuais referências ascensionais, por mais relevantes que estas sejam em nosso ângulo pessoal de encarar o mundo, a realidade e as posturas da humanidade. É algo apenas apreciável em sua linearidade, jamais cúbico, porquanto isso já seria desenvolvimento. Tem uma materialidade necessária, pois materialidade, para o que aqui visualizamos, é concretude na vida dos países e das sociedades, quando querem ir avante.

Repetimos um exemplo que já demos noutro passo. Um ser humano aperfeiçoa u'a máquina. Deu um passo adiante. Atribuiu um progresso, por pequeno que seja, à máquina, a si mesmo, ao país e à sociedade. De fato, em face da concepção anterior que a máquina apresentava, *mudou-a*. Porém, tê-la-ia *mudado* também se, ao invés de melhorá-la, houvesse tornado-a mais antiquada, mais obsoleta ou menos eficiente. Quer dizer, teria *mudado* a máquina sem, no entanto, conferir *progresso* algum, fosse à máquina, fosse a si mesmo, fosse ao país, fosse à sociedade. Não a colocara *adiante*, de modo algum, ou seja, em termos tecnológicos, em termos de funcionalidade ou em termos de produtividade. Pelo contrário, ter-lhe-ia causado um retrocesso. No caso, teria havido mudança. Mas não progresso. Se tivesse havido progresso, nem por isso deixaria de haver mudança. Logo, progresso é espécie do gênero mudança. Só que para a frente.

Na filosofia de Vico, isso fica patente, não obstante a sucessão dos períodos que ele imagina terem existido: divino, heroico e humano. Ele admite a probabilidade de regressão, se os seres humanos decaírem do período humano e retornarem à violência da idade heroica ou ao primitivismo do período divino. A teoria de Vico, grande precursor do historicismo de Hegel e Savigny, não chega à helicoide de Bergson, mas não desce à posição de Lessing. Aproxima-se de Spengler e antecipa Comte. Se a todos eles não une, pelo menos se une a todos. E isso já basta para ser genialidade.

Max Weber nota, nas formas de dominação, "la probabilidad de encontrar obediencia dentro de un grupo determinado para mandatos específicos (o para toda clase de mandatos). No es, por tanto, toda especie de probabilidad de ejercer 'poder' o 'influjo' sobre otros hombres". Em razão disso, é-nos dado observar que a dominação weberiana pode infletir sobre o progresso. Conforme o nível de legitimidade ou o grau de obediência, o poder poderá compelir o grupo em um ou em outro sentido, dominando para soltar ou para conter. Tal conclusão vale até para o desencadeamento ou para a retenção do desenvolvimento, sem que os dois se misturem. Nada de paradoxal existe nisso, assim como paradoxal não é afirmar que não há incompatibilidade entre tradição e modernidade, a despeito da clara distinção entre ambas. Efetivamente, a segunda pode ser a atualização da primeira, no sentido de que sempre se respalda em resquícios daquela. A modernidade, em muitos casos, apenas corrige o curso da tradição, ou a própria tradição, quando não a complementa.

"Não há dúvida", acentua Guy Rocher, em *Sociologia Geral*, "de que a distinção entre os dois tipos de sociedade (a tradicional e a moderna) continua a ser válida quando comparamos casos extremos ou tipo ideais." Lambert, conquanto não tenha o conceito nítido de desenvolvimento, informa que o progresso técnico não estende imediatamente seus efeitos ao conjunto da sociedade. Equivale a que ele dissesse que o progresso não muda o conjunto da sociedade ao mesmo tempo, como o faz, dizemos nós, o desenvolvimento. Já Recásens Siches comete quase o mesmo engano. A diferença é que este não estrema com segurança a distinção entre progresso e mudança, em seu *Tratado de Sociologia*. Nele, a confusão não é com a ideia de desenvolvimento. O certo é que, postas de lado as identificações em que, inconvenientemente, muitos autores incidem, o progresso é somente uma das faces do desenvolvimento, este que é um tipo de mudança, isto é, reportamo-nos só a mudança, sem adjetivações. Puramente. Ainda assim, quando determinados autores misturam noções, fazem-no com o defeito de que há casos de progresso apenas microeconômico, coisa que não interessa ao Direito Econômico, mas somente aos outros ramos do Direito envolvidos com a economia.

Evolução, do francês *évolution*, que por seu turno vem do latim *evolutione*, é igualmente espécie do gênero mudança. Consiste na mudança que se realiza em etapas ou fases lentas e pacíficas. Em muitos casos, quase deterministicamente. Sem confundi-la com a evolução das espécies, pois esta é típica da natureza, poderíamos, no entanto, lembrarmo-nos de Darwin, que usou adequadamente o vocábulo, não obstante seja da evolução que se processa no seio da sociedade aquela a que aludimos aqui. Não à evolução das espécies, que ocorre, segundo o darwinismo, no meio natural. A evolução é silenciosa, diferentemente da revolução, que *quase* sempre estoura. Aquela é ato de percorrer. Esta é ato de correr, principalmente quando vitoriosa. Noutros termos, se a evolução é a caminhada, a revolução é a corrida sem controle, aos saltos, e quase sempre saltos com obstáculos.

Revolução, do latim *revolutionem*, também constitui noção geradora de desentendimento entre os autores. Frequente é vê-la como ação estrondosa das massas em desatino. Todavia, não é tanto e somente assim. É conceito a ser delineado em face do fenômeno em si, com suas facetas políticas, sociológicas, filosóficas, econômicas e outras mais. É bom lembrar que o projeto revolucionário ainda não é revolução. É pregação. Fermentação. É pré-revolução, enquanto lento e retórico. Tanto isso é verdade que, se as forças conservadoras agirem de modo eficiente, logo aí, na direção contrária, para abafar o processo de fermentação, o processo revolucionário sequer terá início. Este é ação acelerada no rumo da mudança e não a simples preparação da ação. Transforma-se em revolução quando se acelera, amplia-se, de maneira cruenta, sangrenta, ou, às vezes, não. Ganha vida e ritmo próprios. Exatamente por isso temos de reconhecer a dificuldade em separar, cronológica e historicamente, o período pré-revolucionário do período revolucionário. É complicado, mas não impossível.

Conclui-se do acima exposto que as revoluções são, na maioria dos casos, o resultado de uma ação prévia, de uma pregação breve ou longa, a favor de sua eclosão. Há situações em que a pregação prévia é contrária a sua eclosão, pois contra a pregação revolucionária. No crescendo da efervescência, se a pregação revolucionária vier logrando êxito, a revolução está do meio para o ápice. Sói acontecer de essa efervescência, mesmo depois de acelerar-se e crescer, não produzir as repercussões desejadas, anuladas que sejam pela ação contrarrevolucionária. Mas nem por isso deixou de haver revolução. Foi uma revolução derrotada, mas foi revolução. A revolução é feita para mudar. E mudar muito. Não apenas substituir. Substituir, porém transformando, e quase sempre transtornando, se entendermos transtorno como mudança forte. Não necessariamente como convulsão, em que pese à convulsão *tender* a estar presente na revolução, diferentemente da caminhada mansa da evolução, não convulsiva que é por definição.

Há revoluções incruentas no seu próprio processo, como foi a Revolução Industrial, a qual gerou alguns efeitos cruentos, mas não enquanto processo revolucionário e, sim, pós-revolucionário, no modo de tratar os trabalhadores da indústria, por exemplo. Foi cruenta no que diz respeito à crueldade dos interesses capitalistas em voga. O certo é que, cruentas ou incruentas, são sempre profundas suas consequências. Estão dentro do campo da juridicidade, mas não se pautam por normas jurídicas. Sua força é política e social, ou político-social. Os casos de revoluções em moldes jurídicos são-no por coincidências. Nunca por incidências a que se aspire por si, como preocupação de agir sob enquadramento na norma de Direito, porque as revoluções, uma vez deflagradas, rompem até com suas origens e só têm em mira uma coisa, independentemente dos meios: os fins que elas buscam. As mudanças que produzem, *no sentido de serem profundas*, são sempre violentas. Não no sentido de serem sangrentas ou cruentas. São violentas por quebrarem estruturas. Não por destroçarem, por força do desvario das ruas desaçaimadas.

Marx viu uma causa longínqua e outra imediata da revolução. Foi uma visão muito pessoal e específica a dele. Aludia à revolução do proletariado. Não queremos, pois, concordar que sua maneira de ver seja válida para toda e qualquer revolução. A causa longínqua seria a propriedade privada dos meios da produção. A causa imediata, a alienação total do processo, imposta à classe operária. Cristalizada e politizada a consciência de classe, consubstanciar-se-iam as condições do processo revolucionário. O agente primeiro da revolução seria a classe proletária. O agente segundo viria a ser o movimento socialista revolucionário, que catalisaria a classe proletária. A luta de classes, que tenderia à vitória da classe trabalhadora sobre a burguesia, seria o processo, porquanto o objetivo da revolução residiria na eliminação da propriedade privada e da sociedade de classes, dando lugar a uma sociedade comunista e sem classes.

Crane Brinton tece algumas considerações, que ele próprio tem o cuidado de advertir não passarem de algumas tentativas de generalização, acerca das revoluções inglesa – 1640-1649 –, francesa, americana e soviética: *a*) as sociedades em que se realizaram gozavam de um certo grau de prosperidade e até de desenvolvimento e não foram feitas pelos mais pobres e deserdados; *b*) a sociedade pré-revolucionária é agitada pelos antagonismos de classes, havendo uma propensão dos intelectuais a mudar de campo, os quais sustentam cerrada oposição à elite dirigente ou à classe no poder ou detentora dos meios de produção; *c*) emperra-se o governo, tomado como que de inanição e ineficácia, fato que diminui a autoconfiança da elite dirigente, agravando-se o quadro, inclusive pelo surgimento de graves dificuldades financeiras; *d*) tudo isso leva ao uso da força e, em consequência, mais desastroso se desenha o panorama.

As generalizações provisórias de Brinton têm muito de verdadeiro, mas nem tudo historicamente o é. Além disso, contêm algumas obscuridades sociológicas, políticas e econômicas. Vejamo-las, a título de exemplos: *a*) confundem prosperidade econômica ou crescimento econômico ou, ainda, geração de riqueza com desenvolvimento, visto equivocadamente fora do cubismo que esse conceito encerra, como é o caso da prosperidade social no seu todo, atenuando os desníveis existentes quanto ao bem-estar econômico, social *stricto sensu*, sanitário, educacional etc., tudo cabível no conceito de desenvolvimento, conforme já vimos; *b*) não deslindam muito bem pré-revolução e revolução; *c*) confundem revolução com sua liderança, ao aludirem a seres humanos identificados, que fazem revoluções, mas que não são *a* revolução, o que nos induz a afirmar que revolução é fenômeno quase total, globalizante, em busca de mudança profunda. Sem que implique necessariamente desenvolvimento.

A *mudança social stricto sensu* é aquela espécie do gênero *mudança* que traz em si apenas a dimensão sociológica da modificação, da transformação. É a alteração verificável somente na estrutura e funcionamento *do grupo social, enquanto grupo social sociologicamente conceituado*. Mas não como povo, em sua configuração política, pois. Não como processo econômico tendente ao crescimento econômico, como avanço educacional geral, como melhoria das condições sanitárias públicas na amplitude que o termo *públicas* ostenta, e assim por diante. Exemplos: se um centro acadêmico muda sua orientação na universidade, há mudança social *stricto sensu*; se um clube esportivo ou social modifica sua diretoria e sua orientação administrativa, trata-se de mudança social em sentido estrito; se as mulheres em um determinado momento passam a adotar certas tendências da moda antes inexistentes, terá havido mudança social em sentido estrito; se um sindicato, ou uma central sindical, muda sua logomarca, sua bandeira ou sua pregação ante os interesses dos patrões, houve mudança social em sentido estrito. Em nenhuma dessas hipóteses ter-se-á desenvolvimento em sua acepção correta.

2. Intervenção no domínio econômico

A intervenção no domínio econômico é instrumento medular do Direito Econômico. Do latim *interventionem*, que vem de *intervenire*, a intervenção é a interferência, a intromissão, a mediação de terceiro – no caso o Estado ou a sociedade – em assuntos de importância macroeconômica, intentando ordenar a vida e a ação econômicas no bojo de um Estado, de um país – que não é a mesma coisa que Estado – ou de uma sociedade.

Nem sempre é fácil diferençar a prática do poder econômico da prática do poder político e da prática do poder social. As ideias de valor, de distribuição da riqueza, de liberdade, de economia social ou coletiva, de bem-estar, de saúde pública, de educação eficiente etc. podem estar presentes quando se cuida da primeira, da segunda ou da terceira práticas. Razão, portanto, outorgamos a Myrdal quando ele afirma que a economia pode converter-se em algo inútil se não tiver em mira uma teoria da política objetiva. Apenas acrescentaríamos que da sociedade também.

A despeito disso, Política, Economia e Sociologia, enquanto ciências, deslindam-se. A Política, como estudo do Estado e de sua organização e funcionamento, ou da busca do poder jurídica e socialmente chancelado. A Economia, na condição de teoria da riqueza, de sua origem, de sua distribuição ou de seu desaparecimento, mas sem a preocupação de deter-se, no que tange ao poder que a riqueza propicia, na pesquisa de suas dimensões organizacionais ou no objetivo de identificar a influência dele decorrente, pois isso já seria bater às portas da Política. A Sociologia, no que concerne à estruturação e funcionamento da sociedade, percebendo seus reflexos sobre o poder e a riqueza, porém não com o intuito de cuidar do estudo destes dois, porquanto isso já seria desbordar para os limites de cientificidade que se outorgam à Política ou à Economia.

Isso nos força a realçar, em outras palavras, que o exercício do poder econômico tende– e frequentemente o tem conseguido – a levar ao poder político ou social, ou a ambos, mas não necessária e diretamente. Não por definição. De igual modo, o poder político sói, embora também não necessária e diretamente, apoiar-se amiúde no poder econômico ou no social, ou nos dois ao mesmo tempo. Mas tal não faz parte de sua seidade. Por fim, o poder social não raro tem berço ou sustentação no poder econômico ou no político, ou neles dois, mas sem que isso diga respeito aos contornos de sua definição. Em resumo, podemos afirmar que ontologicamente não se confundem os três, apesar dessas interferências recíprocas. Tanto isso é verdadeiro que acontece de um se rebelar contra outro, ou contra os outros, quase sempre em benefício dos interesses que são especificamente seus.

Ora, se se aliam ou se chocam, é porque são seres distintos, sem prejuízo da ocorrível ou provável convergência de interesses, ou da eventual dispersão destes. Aristóteles chegou a entender que a Economia fosse uma simples divisão da Política, que, por seu turno, subsumir-se-ia na Ética. Contudo, isso já está superado.

Todos esses saberes teóricos são importantes no estudo da intervenção do Estado ou da sociedade na economia. Pantaleoni e Wicksell, entre mais estudiosos, assinalaram as tinturas do processo financeiro. Acreditamos, porém, que essa policromia não se cinge somente ao processo financeiro. Espalha-se pelo processo intervencionista em geral. De Viti de Marco chegou a elaborar uma classificação de governos em bases nitidamente influenciadas pela atividade financeira, estudo que, igualmente, expandimos também para a intervenção por inteiro. Identificou ele o Estado absoluto com o Estado produtor monopolista dos serviços públicos e o Estado popular com o esquema cooperativista de produção de bens. Lindahl, por estradas diversas, mas quase paralelas às pegadas wicksellianas, chega quase a assimilar o tributo – este que dispõe de forte poder intervencionista, a título de extrafiscalidade, consoante veremos ainda neste capítulo – ao preço, se tivermos em conta que indigita a aprovação do orçamento, a qual é um ato político, como algo que repercutisse diretamente na formação dos preços no mercado. Há exagero, aqui. Com parcial razão, critica-o Jarach, em *Finanzas Públicas/Esbozo de una Teoría General*, ao sublinhar que o processo político da formação da vontade estatal não se deve confundir com o processo econômico da formação dos preços. Cremos que, em verdade, não. Mas que se interligam, interligam-se.

À extensa malha doutrinária já elencada, agregamos o radicalismo griziottiano, segundo o qual as finanças públicas constituiriam um fenômeno essencialmente político, e não econômico, tendência esta que aflora até mesmo em sua técnica de trabalho, visível nos *Studi di Scienza delle Finanze e Diritto Finanziario*. Griziotti vai longe demais. Todavia, por trás de sua preocupação restrita às finanças, rebenta uma outra ilação, qual seja a de que o intervencionismo é, além de social, sobremodo estatal, e apresenta-se sob fisionomias várias, como acontece com o fenômeno financeiro.

Feitas essas observações, esperamos haver deixado claro que o intervencionismo é, na maioria das vezes, uma decisão política, em que pese a poder ser também uma decisão social. O acerto de tal afirmação resulta mais óbvio se atentarmos para suas consequências, que são preponderantemente econômicas e sociais, sem deixarem de ser, menormente, políticas.

As doutrinas antigas, extremamente abrangentes no conteúdo, dado não ser o conhecimento humano ainda devidamente departamentalizado, oferecem tênues matizes das mais diversas escolas e correntes de pensamento. Assim é que vamos encontrar, também em relação ao intervencionismo, no sistema de um ou de outro pensador, recuado lusco-fusco teórico, o qual, conquanto incipiente como orientação apta a formular um conceito, deixa, no entanto, a convicção de que, consciente ou inconscientemente, forcejava para indicar o norte de uma elaboração que, muito depois, seria consumada como correção dotada de eficácia para rearrumar as posições doutrinárias liberalistas e socialistas, mantendo--se de maneira a ratificar o entendimento, já professado inclusive pelos romanos, de que no meio é que reside a virtude.

Platão almejou fazer de sua república um Estado notoriamente atuante. Na mente sofística, por sua vez, incrustou-se o entendimento de que aquele que se descobrisse mais forte poder-se-ia impor aos demais, ainda que sem considerações de natureza moral ou sem questionar o grau de justiça ou de injustiça ínsito em tal comportamento. Retomada muito depois, principalmente por Hobbes, tal concepção aconselharia a ação estatal, para evitar o *bellum omnium contra omnes*. Retrocedendo alguns séculos, vamos encontrar em Roma a versão que atribuía a Numa Pompílio a criação de corporações, numa evidência de que são bem antigas as preocupações do Estado com o disciplinamento macroeconômico de certos aspectos não propriamente inerentes à vida política. A Bíblia narra que Samuel, procurado pelo povo para que escolhesse um rei, objetou--lhe que essa providência ser-lhe-ia desinteressante, porque o rei exigiria o pagamento do dízimo de suas terras e de seus rebanhos, interviria em seus assuntos domésticos, talvez o despojasse de seus campos. Ainda assim, numa sombra distante do que viria a ser a intervenção social, que se poderia converter em estatal, o povo manteve seu pedido – I Samuel, 8, 4-22. De resto, os Livros de Samuel são tidos pelo Pe. Eugênio Cywinski como um esforço de estabelecer um poder central, hábil a enfrentar a estrutura reinante e acometer o existente perigo comum. Continuando na seara bíblica, vamos encontrar no Livro dos Juízes, outro episódio que atesta as vantagens, desta feita da presença da ação do Estado, quando se evidencia que ocorreram desmandos porque "naquele tempo não havia rei em Israel; cada qual fazia o que parecesse justo a seus olhos". Althusius, que viveu de 1557 a 1638, lembrava que a *causa efficiens* de toda a comunidade é a prosperidade de todos os seus participantes. O mercantilismo deu exemplos daquilo que seria hoje a intervenção do Estado em assuntos privados, inclusive no que tange ao balanço de pagamentos, matéria especificamente macroeconômica.

Sabemos que todas essas manifestações não configuram um intervencionismo, no sentido que atualmente se confere à palavra. Mas já apontam para seu vulto.

Em Sismondi, no entanto, surpreendemos traços mais claros de uma propensão ao significado de que o conceito se reveste hodiernamente. Antigo liberalista, rompe com a escola e passa a criticá-la, por entender que levaria à indiferença, no campo social, e à superprodução geral, no plano econômico. Teve o mérito de se contrapor ao liberalismo no momento mesmo em que esse nasceu. A causa da miséria proletária radica--se na separação entre trabalho e propriedade. Não há uma harmonia de interesses, mas um conflito. É bem verdade que se antecipa a várias outras correntes de pensamento. Todavia, isso não elimina sua condição de precursor do intervencionismo, sobretudo em certas passagens, como a em que preconiza a intervenção do Estado para garantir o direito de propriedade. Isso pelo menos no que toca à pequena propriedade agrícola, ao pequeno comércio e à indústria artesanal, visando com tal providência à boa organização econômica e social.

A teorização sismondiana desvenda um lado insustentável do liberalismo. Era insuficiente o cuidado com a liberdade de iniciativa e de competição. Fazia-se preciso que se mantivessem as possibilidades de competição. Nisso se planta a fragilidade dos alicerces mesmos da escola. Para competir, é necessário *poder competir*. E competir em caráter duradouro, sólido, firme. Não sendo assim, o liberalismo, ao querer a liberdade, a igualdade e a fraternidade, esquecia de pôr o instrumental para tanto nas mãos do Estado ou das instituições sociais.

Em lei de 26 de junho de 1375, Portugal obrigava a prática da lavoura e o semeio da terra pelos proprietários, arrendatários, foreiros e outros ligados ao ambiente fundiário. A Ordem Régia de 21 de outubro de 1710 determinava ao governador do Rio de Janeiro informar sobre as edificações feitas na marinha ou praias da cidade, acrescentando que o

Provedor da Fazenda Real comunicara a Lisboa que orientara no sentido de que "fizessem termo" a fim de que todas as vezes que aquela área fosse necessária para o serviço do rei "se lhe poderiam derribar casas, sem que por elas pudessem pedir satisfação alguma". Pelo decreto de 13 de junho de 1808, que mandou incorporar aos próprios da Coroa o engenho de terras da Lagoa Rodrigo de Freitas, justificava esse ato em face da "grave e urgente necessidade que há de erigir sem perda de tempo uma fábrica de pólvora". Na mesma data, outro decreto mandava tomar posse dessas terras.

É claro que não afirmamos já existir aí um intervencionismo como atualmente configurado. Entretanto, transparece a interferência estatal, alcançando até mesmo o que toca à propriedade privada. Isso evidencia, no mínimo e nos moldes da época, casos de desapropriação por interesse público, bem como a existência, já naquele tempo, do instituto dos terrenos de marinha. Sem dúvida, podemos identificar nessas providências indícios de que a propriedade já sofria os primeiros impactos do interesse público ou social de fundo macroeconômico.

Keynes rememora a verdade de que a Europa fora organizada social e economicamente com vistas a garantir o máximo de acumulação de capital. Enquanto havia algum avanço contínuo nas condições de vida da população, a sociedade era arquitetada no sentido de transferir uma grande parte da renda ampliada ao controle da classe que menores probabilidades oferecia de consumi-la. Os novos ricos do século XIX não tinham sido educados para gastos elevados, fato que os levou a preferir o poder que o investimento lhes conferia aos prazeres do consumo imediato. A desigualdade na distribuição de bens possibilitou, portanto, enormes acumulações de riquezas físicas e a expansão do capital. Sobre isso, construía-se a justificação do sistema capitalista. Os ricos, assim, poupavam e acumulavam para o bem de toda a comunidade, embora não fossem exatamente esses os seus objetivos, os quais, na verdade, eram bem mais limitados. Depois de assinalar a ausência de liberdade da mão de obra para consumir, de imediato, todo o equivalente a seus esforços, prossegue o economista de Cambridge: "Para seu desenvolvimento, esse notável sistema dependia de um duplo logro ou engano. De um lado, as classes trabalhadoras aceitavam, por ignorância ou impotência, ou foram obrigadas, persuadidas ou induzidas pela prática, pelos costumes, pela autoridade e pela ordem estabelecida da sociedade, a aceitarem uma situação na qual apenas podiam considerar sua uma pequena fatia do bolo produzido pela colaboração delas, da natureza e dos capitalistas. E, do outro, as classes capitalistas foram autorizadas a apropriar-se da melhor parte do bolo e, teoricamente, foram consideradas livres para consumi--la, sob a tácita condição de que, na prática, consumiriam apenas uma pequena fração". É o que se lê em *A Europa antes da Guerra*.

Ora, se era um logro ou engano, mais cedo ou mais tarde seria ele trazido à tona. E, ao emergir, fá-lo-ia acompanhado da convicção, por parte de muitos, da necessidade de que a melhoria do nível de vida dos povos é um atributo do Estado moderno e democrático, ou de grupos sociais suficientemente influentes a ponto de poderem contribuir para essa tarefa. O Estado liberal-democrático há de passar, a partir de tal convicção, para o museu das raridades políticas de antanho.

O intervencionismo é uma correção ao liberalismo e ao socialismo. No entanto, é também fruto de um e do outro, forçado pelo primeiro, do que resultou a reação do segundo. O liberalismo, por suas contradições e problemas internos, cavou o estuário de enormes crises, que o desacreditariam. Os monopólios e os oligopólios trouxeram a claro a imensa balela da livre concorrência, da concorrência perfeita. A superprodução esbarrou na inexpugnável barreira do subconsumo. A acumulação de riquezas flutuou como algo inaceito, ao mesmo tempo em que significou um paradoxo em meio a um quadro de desigualdades e a uma sociedade que precisava consumir, porém não encontrou como fazê-lo, porque as riquezas fluíram apenas no rumo da concentração. Consequências de tudo isso não puderam deixar de cair sobre o mercado, distorcendo-o e tornando-o vítima da doutrina que mais o exalçara. Com o eclodir da Primeira Grande Guerra, o liberalismo já não passava de uma presa fácil demais. Então, acabou por enredar-se nas teias do monstruoso conflito bélico. E o início do efeito real disso foi o 1917, na Rússia czarista. Somente depois desse e de outros eventos históricos, foi que o mundo decidiu começar a abrir os olhos, que até então fingira estarem fechados. E os abriu para a tela intervencionista, que só viria a ser vista plenamente em 1929, com a quebra da bolsa de Nova Iorque, e a recessão que se lhe seguiu.

O conceito de intervencionismo, sobretudo na largueza que lhe conferimos, envolvendo também o intervencionismo social, não tem sido – e agora o será muito menos – de elaboração imune a controvérsias enérgicas e a pálidas vacilações. Tais oscilações são debitadas por Camargo Vidigal, em parte, à "lenta e progressiva ampliação das preocupações econômicas do Estado, no caminho que o trouxe dos valores gendarmes aos do desenvolvimento e do bem-estar". Forcejando por aclarar um campo onde ainda medra o joio da indistinção, o mencionado autor testemunha que, ao se iniciar o surgimento das primeiras manifestações, "havia realmente meras intervenções econômicas do Estado liberal", no sentido etimológico exato da palavra. "A crítica crescente ao Estado liberal convidando à multiplicação das intervenções", continua o jurista pátrio, na *Teoria Geral do Direito Econômico*, "resultou no surgimento da postura política do intervencionismo – que se afastava, nitidamente, da impostação episódica típica das manifestações iniciais e, mediante transformação das intervenções em procedimento sistemático, retirava delas o caráter de origem". Por fim, ele aponta a ação conformadora do Estado como uma síntese entre "a posição liberal", que nós, *data venia*, chamamos liberalista, "e a pregação coletivista".

Queremos, aqui, abrir parênteses para uma elucidação da terminologia que temos adotado desde o início. Chamamos *liberalista* a teoria que dá ensejo à prática *liberal*. *Liberalista*, por conseguinte, é a produção dos teoristas do *liberalismo*, seja ele filosófico, político ou econômico. Designamos com o termo *liberal* a condição prática de quem abraça o liberalismo quando leva avante suas atitudes e ações. Quando alguém diz *Estado liberal*, está dizendo *Estado que se pauta pelas regras do liberalismo*. É a mesma diferença que indigitamos entre *teorista* e *teórico*. *Teorista*, em nosso entender, é o autor de uma teoria. *Teórico*, é aquele que conhece as teorias, mas não as produz nem as pratica. Apenas as conhece, não as pratica. É um teórico, somente. Não é um prático. Mas, voltemos ao ponto em que estávamos.

Talvez já seja oportuno tentarmos traçar o conceito de intervenção no domínio econômico. E é o que ousamos fazer agora. *Intervenção no domínio econômico é a ação macroeconômica por meio da qual o Estado ou determinados grupos sociais influentes se põem entre os atores da atividade econômica, tanto na posição de capitalistas ou empreendedores quanto na condição de trabalhadores ou consumidores, visando a equilibrar o mercado e ordenar a economia, sem quebrar a justa remuneração do capital nem negar justiça aos operadores da mão de obra e absorvedores da produção.*

A postura intervencionista veio para salvar o mercado e, com ele, o capitalismo, desvestindo este último da crueza selvagem inicial. É, irrecusavelmente, uma saída para o capitalismo, embora tendo de mitigá-lo em suas mais exacerbadas manifestações. Apesar disso, e espelhando o fenômeno inegável da convergência, no intervencionismo, dos sistemas capitalista e socialista, a intervenção, seja ela estatal ou social, não pode negar sua vinculação genética com certas formulações que obteriam a acolhida de qualquer teórico do socialismo. Exemplo disso é a *lei de bronze dos salários*, de Ferdinand Lassale, que terminaria por prestar serviços tanto a seu formulador como a seu adversário nas pugnas pelo regime parlamentar prussiano: Bismarck, o Chanceler de Ferro.

A salvação do mercado, todavia, teve, antes de tudo, de romper determinado círculo do conservadorismo, verdadeira estacada doutrinária levantada pelos teoristas do liberalismo político e econômico. Desbordando de seu álveo tradicional, por onde permitia que se escoassem as melhores oportunidades de elevar a vida das massas, o Estado armou-se de maior força geratriz de mutações sociais e ordinatórias da economia, tendo como nutriente um novo instrumental de ação. Mutações tiveram de ocorrer, portanto. E, entre elas, mutações que, segundo Farjat assinala em seu *Droit Économique*, podem ser englobadas em quatro *types de mutations techniques*, que estão presentes: "a) dans les techniques du commandement; b) dans l'évolution de la notion de service public; c) dans l'apparition de l'État entrepreneur;" e "c) dans l'utilisation de techniques mixtes".

A rigor, não chamaríamos tudo isso de técnicas, como o fez o professor de Nice. Contudo, o importante é que fique a evidência de ter sido imprescindível aos pesquisadores assumirem uma atitude nova, ditada pela realidade social e econômica, e em face da abordagem científica tendente a solucionar os problemas que, se não fossem satisfeitos, poderiam marulhar a níveis insuportáveis e amedrontadores.

Eros Grau, em seu *Planejamento Econômico e Regra Jurídica*, indica três modalidades de intervenção do Estado, quais sejam a intervenção por absorção ou participação, a intervenção por direção e a intervenção por indução. Acompanhemos sua lição literalmente:

"O intervencionismo admite, na sua dinamização, três modalidades diversas:

"*a) intervenção por absorção ou participação*: que ocorre quando a organização estatal assume, parcialmente ou não, ou participa do capital de unidades econômicas que detêm o controle patrimonial dos meios de produção e troca;

"*b) intervenção por direção*: que ocorre quando a organização estatal passa a exercer pressão sobre a economia, estabelecendo mecanismos e normas de comportamento compulsório para os sujeitos da atividade econômica;

"*c) intervenção por indução*: que ocorre quando a organização estatal passa a manipular o instrumental de intervenção em consonância e na conformidade das leis que regem o funcionamento do mercado."

Numa posição que reputamos merecedora de reparos, Vital Moreira, em *A Ordem Jurídica do Capitalismo*, afirma que o intervencionismo penetrou domínios ajurídicos. Exemplos de tais campos seriam a empresa e o mercado. Ora, a empresa e o mercado não eram juridicamente irrelevantes. Não eram indiferentes ao Direito. Tanto que a lei cuidava de disciplinar suas constituições e seus funcionamentos. Estavam, pois, dentro do campo da juridicidade. Quando não no campo da normatividade expressa, pelo menos no campo da licitude, que também é jurídico. Logo, não se tratava de penetração em domínios ajurídicos. O que se pode dizer é que se cuidava – e se cuida – de instituições *atuantes* no campo econômico, porém postas sob a égide do Direito, como, de resto, toda a realidade humana.

Tanto é assim que essa preocupação jurídica com a realidade econômica vem desde os primórdios da humanidade. Para não irmos a tempos tão recuados, basta lembrarmos que a *Tabla Amalfitana* foi concluída no século XII. Pisa teve *Estatutos* de alcance econômicos deveras antigos. Veneza, o seu *Capitulare Nauticum*. Barcelona, alentado código, com 334 artigos. Era o *Consulado do Mar*, o mar que se constituía no grande teatro das atividades do transporte mercantil. Na França, houve o disciplinamento objeto dos *Rôles d'Oléron*. O *Guidon de la Mer*, que surge no século XVI e, no século seguinte, a Hansa Teutônica procuram suas diretrizes jurídicas no *Jus Hanseaticum Maritimum*. O *Código Savary* é também antigo, e o próprio *Código de Napoleão* foi promulgado em 1807 para entrar em vigor em 1º de janeiro de 1808, segundo lembra Fran Martins em seu *Curso de Direito Comercial*. E ainda, nos países nórdicos, as *Leis de Wisby*. Pelo acima exposto, dá para notarmos que nada havia de ajurídico no que tange às empresas e, direta ou indiretamente, ao mercado.

Não se pode sequer afirmar que o intervencionismo penetrou domínios apolíticos. O liberalismo era também uma postura política, na forma em que demonstramos antes. É que havia uma tendência, em consonância com as teses prevalentes à época, voltada ao absenteísmo estatal. Mas nem por isso Napoleão vacilou em admitir a visão e as opiniões mercantis na elaboração do seu Código. O mercado livre, a livre concorrência e seus consectários não foram tidos, nem poderiam sê-lo, como irrelevantes pelo Estado. Pelo contrário, eram para ele tão relevantes que decidiu não interferir, numa espécie de *intervenção por omissão*, deixando que as coisas acontecessem ao sabor de uma pretensa liberdade de ação. Assim, nem mesmo apolítico era o liberalismo, em seu absenteísmo. O absenteísmo foi também decorrência de uma decisão política, e ele próprio era uma conduta política. O que houve, com o advento do intervencionismo, foi uma mudança da posição do Estado, que deixou de ser ausente, para fazer-se de uma presença bem clara.

Não é adequado, ademais, mesclar intervencionismo com autoritarismo. Ao tratarmos, atrás, dos pensamentos de Maquiavel e de Hegel fizemo-lo para mostrar que o Estado, em que pese a nossa rejeição ao autoritarismo, tem poder para intervir. Assim como também os grupos sociais dotados de influência. O intervencionismo não é absoluto, totalitário ou mesmo simplesmente autoritário. Apenas não comunga dos ideais liberalistas.

Pensador insuspeito, Hume escreveu, em seus *Ensaios Políticos*, trechos que, numa tradução livre, afirmam que em "todos os governos se dá uma perpétua luta intestina, aberta ou secreta, entre autoridade e liberdade, e nesse ponto nenhuma das duas pode prevalecer de modo absoluto", uma vez que "se deve admitir que a liberdade é a perfeição da sociedade civil". De certo modo, totalitarismo e liberalismo se prestam favores recíprocos, dependem um do outro como forma de autoafirmação. Um revitaliza o outro, quando radicalizados. É a dialética da complementaridade, a que se afincam os físicos modernos. Somente o intervencionismo é hábil a desbastar-lhes as arestas mais agudas e perigosas ou preencher as reentrâncias mais omissivas e obscuras. Daí ser razoável afirmar que o intervencionismo não nasceu por acaso. Ele é, mais do que qualquer outra coisa, uma tentativa séria de salvar a sociedade e o ser humano. Eis o motivo de ter surgido exatamente em Estados que experimentavam adiantadas – e atacadas – economias capitalistas.

Para que o intervencionismo seja proveitoso, é mister que não aja de maneira casuística e improvisada, ou, numa postura que seria certamente ainda mais infeliz, de forma aleatória. Face a isso, é que aflora óbvia a importância do planejamento, ao se cogitar da decisão interventiva.

Preliminarmente, urge verificar o custo social da decisão interventiva. Nenhuma mudança será exitosa se o grosso da sociedade não a aceita. Semelhante verdade não pode ser esquecida pelo planejador. Já houve até quem tentasse apresentar sob a forma de gráfico essa preocupação. Sem irmos a esse ponto, lembramos somente que o problema reside em estabelecer o máximo de interesse geral no momento da decisão interventiva ordinatória. Não será proveitoso esquecer que, na totalidade ou quase totalidade das vezes, a situação benéfica à maioria poderá ser indiferente ou, sobretudo, prejudicial a alguns. Isso não há de ser objeto de maiores receios, até porque, nesses casos, o prejuízo que alguns sofrem é consequência dos longos tempos de benefícios que usufruíram. E mais:

os prejuízos de agora, decorrentes da mudança, podem estar evitando a ocorrência de prejuízos maiores um pouco mais adiante. Poder-se-ia até, em determinados casos, sofrear um pouco a intervenção, para auscultar cuidadosamente os efeitos que possa desencadear no todo da sociedade. Nessa hipótese – de reflexos desinteressantes muito fortes na sociedade – é preciso ver a probabilidade de desestabilização do sistema político, ou mesmo do social. Uma pressão muito forte sobre os interesses sociais acarreta o risco de diminuir o espaço libertário em excesso, prejudicando os direitos humanos e fazendo soçobrar as vantagens da intervenção.

É preciso, pois, que o planejador da intervenção tenha sensibilidade econômica, social, política e jurídica, porque o planejamento, do contrário, poderia ser um desastre. É indispensável, outrossim, que, se houver necessidade de restringir o campo dos interesses do indivíduo em prol da sociedade – e quase sempre o será, pelo menos de alguns indivíduos –, isso não leve, salvo numa situação de forte impasse, a considerar impraticável ou indesejável a intervenção, porquanto o interesse social há de prevalecer. O processo escolhido, desse modo, será sempre o mais consentâneo com a dignidade humana, porém não necessariamente o que mais atenda aos interesses econômicos isolados, ou os interesses assaz egoístas, microeconômicos ou até macroeconômicos quando, no caso dos últimos, desfavorecerem a ordenação da economia e o desenvolvimento na sua real concepção. Nestas hipóteses, interesses deletérios podem até ser proscritos.

Convém lembrar que, havendo impasse entre o custo social e o político, o primeiro sobreleva, desde que tal prioridade ao custo social leve em consideração todos os desdobramentos dela, inclusive os efeitos que, numa etapa seguinte, recaiam de novo sobre a sociedade. É o que pode acontecer numa situação em que se tenham em conta apenas custos meramente conjunturais.

Na opinião de Sánchez Agesta, há as seguintes antíteses – diríamos *dialética* – no que tange ao desenvolvimento planejado: *a*) antítese entre direção e planejamento, de um lado, e liberdade e iniciativa individual, do outro; *b*) antítese entre os processos de informação e elaboração do plano e as formas clássicas de representação; *c*) antítese entre os condicionantes científicos da planificação e a liberdade de decisão do político e as possibilidades de controle; *d*) antítese interna entre as demandas do crescimento econômico e o desenvolvimento social – tiraríamos o *social*, pois desenvolvimento é cúbico, como já vimos; *e*) antítese entre uma concepção global das necessidades e as exigências de regionalização dos planos.

Na verdade não são apenas antíteses. São teses e suas respectivas antíteses. E, sendo teses e antíteses, são perfeitamente superáveis pelas sínteses. Tal superação é que se há de buscar. Para tanto, basta que a construção do plano seja materialmente cuidadosa, e não apenas rígida e formalmente silogística.

Não é difícil indicar traços distintivos entre o planejamento em uma sociedade socialista propriamente dita, ou seja, uma sociedade marxista e o planejamento intervencionista. E meio às principais diferenças, está o fato de que, naquela, o planejamento, a execução e o controle são centralizados pelo poder político, ao passo que, no planejamento intervencionista, a centralização pelo poder político sói acontecer, mas só é centralizado até certo ponto, e a execução bem menos ainda. E se a intervenção for feita por grupo social influente, talvez nem controle político algum exista. É o caso que apontamos, logo no início deste trabalho, da economia de comunhão dos focolarinos.

Aliás, é inconveniente falar de intervencionismo numa economia marxista, alheia, como sabemos, à maioria das regras do mercado. Nela, pelo próprio étimo da palavra, não há como *intervir*, uma vez que somente se pode *vir entre*, *estar entre* se houver os dois polos, um de cada lado. Num raciocínio mais amplo, porque baseado num conceito amplíssimo, entre dois seres. Porém ocorre que, nas economias marxistas, há o Estado – isso na fase da ditadura do proletariado, que Marx queria passageira, mas se nos assemelha permanente, como a prática o tem demonstrado – ou o ente que o substitua, partido único ou seja lá o que for, estampado organicamente, em nível superior, na vontade de poucos, e consubstanciado, organizacional e operacionalmente, na teia burocrática. Algumas concessões que existam ao mercado já induzem a um enfraquecimento do sistema, e retratam antes uma penetração do mercado no monolitismo dirigista do que uma iniciativa do Estado ou da entidade que o venha a substituir e que não deixará jamais de ser Estado, seja qual for a terminologia utilizada. Como vimos, no próprio Marx, embora sem ser querido por sua teoria, está o germe da impossibilidade de eliminação do Estado. Isso, contudo, nós já vimos. Não vamos repetir a argumentação a respeito.

Com efeito, ou existe sociedade sem classes ou o fenômeno das classes, como intui Dahrendorf, é universal. E contemporâneo do surgimento do ser humano, dizemos. E, se é universal e contemporâneo do surgimento do ser humano, acrescentamos nós, não se tem historicamente a experiência do funcionamento de uma sociedade sem classes, pelo que, só hipoteticamente e às apalpadelas, poderíamos acreditá-la plausível. Mas a vivência social não se constrói com hipóteses. Aconteceu, já não mais é hipótese. É fato. Logo, constrói-se da experiência. A sociedade aprende, ou o ser humano aprende na sociedade e da sociedade. Para aprender, é preciso praticar. Todavia, acontece que a experiência histórica é a confirmação da estratificação social, isto é, da existência de estratos diversos dentro da sociedade. Tanto é assim que o Estado foi visualizado pelo ser humano, quer no inicial contratualismo, quer na muito posterior elaboração marxista, como elemento atenuador ou impeditivo dos conflitos, quando não solucionador deles. Mas para atenuá-los, impedi-los ou solucioná-los, necessário seria que o Estado fosse um poder mais alto, uma entidade acima dos conflitos e dos protagonistas deles. No entanto, como entidade abstrata – pessoa jurídica de direito público interno e externo, como é possível dizermos hoje –, manifesta sua vontade através de órgãos, que são pessoas naturais. Seres humanos. Só isso já cria um novo estrato em favor dessas pessoas naturais. Tal estrato pode e deve ser construído em degraus mais altos do que os degraus anteriores e assim por diante. E enquanto houver degraus ou estratos haverá conflitos de interesses, nem que sejam somente políticos. E, havendo conflitos, precisar-se-á do Estado, o que faz completar-se e renascer o círculo indefinidamente.

O Estado e os grupos sociais influentes não se devem contentar em ser intervencionistas. Eles são intervencionistas para serem sociais, justos e úteis. Também o intervencionismo não se basta por si só. Sua meta é transformar o ultrapassado Estado liberal em Estado social intervencionista. Quanto mais social, melhor. Por isso, tampouco o intervencionismo não se contentará em ser produtor do Estado de bem-estar, pois o bem-estar poderia reverter em benefício de somente alguns. Se alguém insiste no composto *bem-estar*, que o complete: Estado de *integral bem-estar social*. Melhor seria dizer *Estado de desenvolvimento*, o que abarca tudo.

3. *Capacidade normativa de conjuntura*

Repercussões diversas decorrem, em função da ordenação desenvolvimentista, para a estrutura e funcionamento da organização estatal. O chamado Poder Executivo tende a envolver campos que antes eram considerados exclusivos do Legislativo. Aparecem figuras novas, a fim de que o Estado não perca as imprescindíveis condições de reagir prontamente perante situações conjunturais que estejam a reclamar agilidade corretiva. Com efeito, o trânsito de um tipo de sociedade para outro exige dinamismo. A lenta resposta do Legislativo nem sempre satisfaria, quando a tempestiva ação é requisito dos mais ponderáveis para a eficácia desenvolvimentista. Os serviços públicos ou sociais são ampliados a todas as atividades que lhes são conexas. Alteram-se ou se impulsionam a produção, a distribuição e o consumo. As relações entre as classes ou estratos da sociedade recebem o impacto da nova realidade e, às vezes, urge a adoção de providências acomodatícias, a fim de que, em nome de poucos, não se prejudiquem as condições gerais de melhoria da vida ou os interesses mais intangíveis da sociedade.

Em razão disso, comentamos, bem atrás, a quase premonição de Locke quando, dissertando acerca da figura da *prerrogativa*, lembrou que, para o bem da comunidade, é importante que diversas questões fiquem entregues à discrição de quem dispõe do Poder Executivo, uma vez que, não sendo o Legislativo capaz de prever e prover, por intermédio das leis, tudo quanto possa ser útil à sociedade, haverá ocasiões em que a premência de solução para certos problemas ficaria insatisfeita. São casos em que, tendo o Executivo maior poder nas mãos, permite-se-lhe a adoção das medidas cabíveis, até que o Legislativo, regularmente reunido, decida a respeito.

Alinhando, sem pretensões à exaustão, as várias causas que implicam a perda de competências parlamentares, Padilla Serra anota: *a*) o aumento considerável do volume de tarefas, contrastando com a limitação do tempo disponível ao Poder Legislativo; *b*) o caráter cada vez mais complicado dos problemas econômicos e sociais, cujo estudo profundo demanda um elevadíssimo lastro de conhecimentos técnicos; *c*) a impopularidade de certas decisões que acarretam cargas adicionais a todos ou a parte dos eleitores, donde deflui uma possível tendência dos parlamentares, sobretudo às vésperas de eleições, a fugirem da responsabilidade pela tomada dessas decisões impopulares; *d*) o segredo que, em determinados casos, é exigido, com vistas a não prejudicar o sucesso que a implementação da providência pretende atingir; *e*) o jogo dos partidos ou de personalidades, de ordem regional ou estaduais, estas últimas sobretudo nos Estados federais; *f*) o lento funcionamento do Legislativo, mormente quando bicameral ou sujeito à morosa atuação das Comissões permanentes – estas, aliás, em nosso entender, poderiam até apressar a tomada de decisões se fossem feitos ajustes em seus funcionamentos ou na atuação do Plenário, o qual na maioria das ocasiões, é o grande complicador, ainda que com respaldo regimental ou legal; *g*) determinadas medidas mudancistas, não obstante as correções conjunturais, necessitam de continuidade, o que se não compadece da alternância de representantes, ou da tendências dos mesmos representantes, no seio do parlamento.

Nessas circunstâncias é que desponta a crucial relevância da *capacidade normativa de conjuntura*, instituição a cuja formulação e defesa Eros Grau, há tempo, dedica firme e louvável esforço doutrinário.

Sem modificar as palavras do professor da Universidade de São Paulo e ex-ministro do Supremo Tribunal Federal, vejamos o que escreve ele em seu já citado *Planejamento Econômico e Regra Jurídica*: "Mediante a edição de normas emanadas do Poder Executivo, seja da administração centralizada, seja de alguns de seus entes autônomos, é que tal capacidade se exerce, desbordando, a função normativa – na expressão de Carnelutti – o álveo constitucional que lhe era destinado, de acordo com a concepção tripartida dos poderes. Típica do Direito Econômico, essa capacidade normativa permite seja conferida resposta à exigência de produção imediata de normas, que a conjuntura impõe, gerando-as o Poder Executivo dentro de um clima de dinamismo e flexibilidade mais adequado à realidade econômica – tarefa para cuja consecução não se apresenta devidamente aprestado o Poder Legislativo. Daí a ampliação dos mecanismos de delegação legislativa no campo do Direito Econômico e a necessidade, que se reclama, de aperfeiçoamento na estrutura dos processos de elaboração normativa econômica".

Abuso de poder? Usurpação das prerrogativas parlamentares? Não, uma vez que tudo se faz com a explícita autorização constitucional, a exemplo dos decretos-leis do ordenamento constitucional brasileiro anterior, bem como das medidas provisórias do ordenamento atual. O que poderia gerar algum abuso seria – e infelizmente o tem sido – o manejo abusivo do permissivo constitucional. Mas o princípio da capacidade normativa de conjuntura é sadio e indispensável à plena operacionalidade do Direito Econômico.

4. O princípio da propriedade como função social

O princípio da função social da propriedade apresenta implicações econômicas, sociais, políticas e jurídicas. Porém tudo isso num claro aceno ao Direito Econômico, do qual é instituto radicular. Com efeito, não poderíamos esperar êxito na criação desse novo ramo da árvore jurídica com uma propriedade concebida em termos absolutos ou quase absolutos.

A título de esclarecimento, advertimos que por uma questão de didática, até certo ponto deste tópico, falaremos em função social da propriedade, ao invés de propriedade como função social. Somente a partir do ponto onde demonstraremos que a propriedade *não tem* uma função social, mas *é uma função social*, é que passaremos a usar a ideia de *propriedade como função social*.

Dessa forma, antes de cogitarmos dos lineamentos específicos de uma intervenção no domínio econômico exitosa, é indispensável demolir o conceito de propriedade como era visto tradicionalmente, máxime na visão liberalista. Para esse cometimento, faz-se preciso o ataque direto a essa configuração anterior de propriedade. Porém, o aludido ataque direto somente será possível com uma precedente rememoração das origens da propriedade, a fim de que saibamos como surgiu, firmou-se, até o ponto de se dogmatizar.

O Direito, como não é estranhável, e segundo já deixamos entrever em passagens anteriores, de longínqua data há se preocupado com a propriedade. Podemos até asseverar que a propriedade é mais criação do Direito do que da economia. Realmente, nos albores da humanidade, a desproporção entre a fartura dos recursos naturais e as necessidades do aproveitamento deles por parte do ser humano, levava a riqueza a uma situação de inegável indivisão. A propriedade era imediatista. Tinha a ver com a aptidão de cada ser humano na esfera estrita do seu esforço e eficiência no trabalhar. A maior ou menor capacidade individual de apreender o que a natureza punha ao alcance dos seres humanos é que determinava a maior ou menor quantidade de coisas sob o domínio de um ou de outro. A propriedade se confundia, pois, com as atividades imediatas desenvolvidas pelos seres humanos em seu trabalho. As próprias tarefas laborais eram praticamente indivisas. Cada um fazia o que quase todos faziam. Só que uns o faziam com maiores intensidade e eficiência e outros com intensidade e eficiência menores. Num caso e no outro, a propriedade era dotada de indisfarçável ocasionalismo em sua obtenção.

Esse teor de imediatidade não deixava de gozar, já àquela época, de uma incipiente proteção jurídica. Havia, de qualquer modo, uma garantia, assentada mais na efetiva capacidade do apreensor de manter a posse da coisa apreendida, do que na legitimidade desta, se bem que, na maioria das vezes, exigia-se que a posse geradora da propriedade fosse legítima, de uma feita que obtida pelo trabalho e diretamente da natureza que a punha à disposição comum. De todos, por conseguinte. Assim, o Direito, estampado aí em normas rudimentares e ainda não escritas, zelava, sobretudo, pelo garantir a propriedade numa dimensão que não se expandia para além da subsistência própria das necessidades diuturnas do grupo familiar do apreensor, agora proprietário. E essas normas não escritas fundavam-se, por vezes, no poder físico do apreensor ou do seu grupo familiar. E já aí se via o injurídico e o ilegítimo penetrando as raias da juridicidade. Entretanto, eram, de qualquer sorte, normas jurídicas, pois àquele que subjugasse o outro, embora movido por interesses tenuemente gananciosos, tinha-se como assente que estava garantido o bem tomado. Esse fenômeno era raro, eis que os meios de subsistência superavam as necessidades dos seres humanos, mas não podemos esquecer que, mesmo na alvorada da humanidade, já havia os menos dispostos a trabalhar ou os menos hábeis no fazê-lo e, assim, ganhar o pão ou o vestuário elementar com seu suor.

De certa forma, encontramos, aí, no cuidado, pouco necessário – dada a abundância –, com a manutenção do bem apreendido, o germe da futura preocupação com a estabilidade do domínio, infletida na tese, que obteve êxito, da propriedade, quase inteiramente intocável, pois só tangível em casos raríssimos e infundados, conforme assinalamos no parágrafo antecedente, de ganância pouco defensável, com base nas regras então tacitamente prevalecentes. Essa intangibilidade que se buscava para a propriedade, de então, em favor do seu apreensor era uma advertência distante em benefício do proprietário, coisa que levada, muitos milênios depois, ao exagero liberalista, provocaria a posição antitética de socialismo e, por fim, o aparecimento do princípio sintético da função social da propriedade. Todavia, antes de chegarmos a isso, há diversos outros comentários a serem feitos.

Após imensuráveis dobras dos tempos, temos a norma *plena in re potestas*, de Justiniano, ou o *jus utendi, fruendi et abutendi*, que, ainda hoje, trazem aos trabalhos de alguns juristas ou aos julgados de alguns tribunais ressaibos teimosamente presentes do velho Direito Romano.

A partir de então, a propriedade vai ganhando foros de intangibilidade. As exceções que aflorariam, aqui e ali, não conseguem afastar a generalidade da regra. É certo que se aponta algum dirigismo na economia egípcia, ou sombras de intervencionismo – e maiormente de coletivismo – na Grécia. O caráter político da Cidade-Estado deixa pouco, é incontestável, à dimensão individualista do cidadão. A maior parte das atividades econômicas, atesta-o Hugon, "é relegada aos escravos enquanto a comercial é privativa dos estrangeiros. A posse do ouro ou da prata é também vedada ao cidadão grego; vedados igualmente os empréstimos a juros. A propriedade de cada cidadão se limita, no máximo, a quatro lotes de terra; e se por acaso, em virtude de uma herança, exceder esse limite, ao Estado caberá esse excesso". Não obstante, havia no pensamento helênico uma corrente individualista, de menor expressão, mas que contava, entre seus propugnadores, com nomes como os dos sofistas Hípias e Protágoras, os quais, diferentemente do que pensa Hugon, longe estão de serem escritores de segunda ordem. Indubitável é que, a despeito do predomínio "socialista" (Platão) e da corrente intervencionista (Aristóteles), vamos encontrar, na *polis* grega, apetites individualistas e coletivistas, antecedentes da propriedade absoluta de mais tarde e da negação, também muito posterior, da propriedade privada.

Em tinturas mais claras, os antecedentes intervencionistas romanos também não desnaturam o caráter individualista de sua economia. A política anonária, refletida em leis como a Semprônia, a Clódia e a Aureliana, espelha antes uma contingência das dificuldades de abastecimento do que uma vocação coletivista de Roma. E tanto era estreita a experiência romana no trato com uma política desse tipo que tais leis redundaram em evidente fracasso.

No longo período feudal, se a propriedade teve alguma função de alcance coletivo, esta se limitou a conferir maior segurança a um homem ameaçado pela geral desorganização que sucedeu ao esfacelamento do poder romano. Agrupavam-se homens e propriedades com vistas à defesa mútua. O "feudalismo de feudo", na linguagem de Max Weber, ou o "feudalismo da relação feudal", na expressão de Adams, secundada por Wells, na *História Universal*, era fonte inconteste da propriedade, consistente quase sempre em terras, a qual poderia até mesmo passar para os herdeiros do vassalo, caso fossem cumpridos todos os deveres assumidos perante o senhor feudal. A realidade patrimonial ou de produção nascida do feudalismo de feudo, ou do feudalismo de outro jaez, influenciou, inclusive, a efígie do Estado medieval, desenhando-a numa realidade de cooperação nem sempre tão voluntária, como desavisadamente supõem certos autores. O Estado feudal era aquele em que, segundo já se disse, "a lei privada usurpara o lugar da lei pública". Talvez não fosse nem mesmo assim, ou não devesse ser assim a colocação. É que a lei pública não era somente a lei central, mas, e sobretudo, a lei do poder feudal provincial, cogente e esmagador. Lei pública não era – nem o é mesmo hoje – sinônimo estrito do poder central. Contudo, o importante é notar que, também na Idade Média, vamos encontrar as relações de propriedade estruturando, entre outras coisas, as relações de poder e de mando. Mesmo fora da propriedade fundiária – que, depois, os fisiocratas procurariam justificar por sua utilidade social, ao pretexto de que, sem a garantia da propriedade, a terra permaneceria inculta –, porém no que toca ao comércio das cidades italianas, a História testemunharia o exclusivismo da propriedade, seja entre os Médici de Florença, seja determinando o surgimento de franca hostilidade entre cidades, "com o rancor imperecível de quem quer privar o vizinho dos seus lucros", nas palavras de Van Loon, na *História da Humanidade*.

Não obstante a Revolução Francesa de 1789, a propriedade posterior muito deve ao feudalismo e ao absolutismo seguinte àquele. Lá, estão fincadas algumas das suas raízes e, ainda hodiernamente, temos instituições, como a do aforamento, de nítido e insuportável ranço medieval.

O pensamento jurídico liberalista foi, no entanto, o principal responsável pela elaboração da doutrina da propriedade absoluta – ou quase absoluta? – numa clara mesclagem com as formulações políticas e com a doutrina econômica da época.

Hobbes encarregar-se-ia de grafar, em termos de necessidade de balizar os contornos da justiça, a legitimidade não só do poder, mas também da propriedade. Para definir a injustiça como o "não cumprimento de um pacto" e frisar que "sem um pacto anterior não há transferência de direito", teria de apelar a uma coerção "capaz de fortalecer aquela propriedade que os homens adquirem por contrato mútuo, como recompensa do direito universal a que renunciaram". Como inferência disso, não seria, continua ele no *Leviatã*, "injustiça vender mais caro do que comprou, ou dar a um homem mais do que ele merece. O valor de todas as coisas contratadas é medido pelo apetite dos contratantes, portanto, o valor justo é aquele que eles acham conveniente oferecer". O contratualismo hobbesiano não é apenas o do pregoeiro do Estado forte, para resguardar o indivíduo. É identicamente um pensamento que põe de manifesto, pelo menos aqui, o fato de a propriedade ser, mormente no que tange ao pacto originário geral, uma criação vinculada ao Direito, e não algo que haja nascido por si e, portanto, tenha vida por si. Sua *lei da complacência* – "Que cada um se esforce para acomodar-se com os outros" – daria ensancha a interpretações diversas, não fossem os limites postos pela *lei da divisão*, que se exprime em termos de "que as coisas que não podem ser divididas sejam gozadas em comum, se assim puder ser; e, se a quantidade da coisa o permitir, sem limite; caso contrário, proporcionalmente ao número daqueles que a ela têm direito". Conquanto prestando-se à exacerbação da propriedade, têm as ideias de Hobbes, contudo, a peculiaridade de fundamentar também o entendimento de que a propriedade é criação da ordem jurídica de cada época.

Locke, de quem já tratamos antes, por seu turno, giza que a propriedade advém do trabalho e é, em estado natural, comum. O Estado resultante do contrato recebeu a missão de protegê-la. A ela, que é bem gerado do trabalho. A doutrina lockeana, que não foi, em todas as hipóteses possíveis e interpretações extraíveis, a bandeira inconteste cuja sombra agasalhou somente as teses liberalistas, permite ilações curiosas que, de ordinário, os autores não costumam tirar: *a*) sendo a propriedade anterior ao Estado contratualista, o Direito não é somente o do Estado, já que a propriedade apenas se explica apoiada num substrato jurídico; *b*) mesmo que a propriedade anterior ao Estado fosse apenas uma propriedade adquirida da natureza pela apreensão pura e simples, e não pela usurpação estimulada pela escassez, poderíamos explicá-la por um Direito natural que se há de contrapor ao Direito do Estado, para cuja defesa o Estado foi criado, podendo o Direito estatal ser alterado de moldes a tornar a propriedade mais prestável e adequada às necessidades naturais de sobrevivência digna e de realização do ser humano – ser social, não esqueçamos; *c*) o trabalho em si é valor voltado ao ser humano, e deve ser protegido só por ser isso e não apenas pela posição que ocupa em meio aos fatores da produção, podendo uma das formas dessa proteção ser o intervencionismo do Estado, que lhe estenderia os benefícios ocasionados pelo princípio da função social da propriedade.

Rousseau confere singular relevo ao isolamento e aos conflitos, no surgimento da sociedade. Sua posição, entretanto, difere da de Locke. "O verdadeiro fundador da sociedade civil foi o primeiro que, tendo cercado um terreno, lembrou-se de dizer *isto é meu* e encontrou pessoas suficientemente simples para acreditá-lo. Quantos crimes, guerras, assassínios, misérias e horrores não pouparia ao gênero humano aquele que, arrancando as estacas ou enchendo o fosso, tivesse gritado a seus semelhantes: 'Defendei-vos de ouvir esse impostor, estareis perdidos se esquecerdes que os frutos são de todos e que a terra não pertence a ninguém", escreve ele no *Discurso sobre a Origem e os Fundamentos da Desigualdade entre os Homens*.

É claro que a ideia de propriedade não surgiu assim repentinamente no espírito humano. É o próprio Rousseau quem o admite. Mas, em qualquer hipótese, patenteia o autor genebrino ser a propriedade uma usurpação de parte daquele conjunto indiviso de bens com que a natureza obsequiou o ser humano primitivo. Não muito distante desse raciocínio, fulcra-se a lição de Pascal, não obstante lavrada em expressões mais parabólicas, como, aliás, era muito ao gosto do pensador de Clermont-Ferrand: "*Este cão é meu*, diziam as pobres crianças; *é esse meu lugar ao sol*. Eis o começo da usurpação de toda a terra", conclui ele em seus *Pensamentos*.

A tese do senso de propriedade e da tendência à troca de bens, postos por Adam Smith entre os impulsos fundamentais do ser humano, albergar-se-ia – ou já se albergara – com tranquilidade nas teorias de juristas da maior reputação. Planiol, no *Traité Élémentaire de Droit Civil*, asseveraria ser a imposição da propriedade individual ao legislador como um fato, uma vez que seria perda de tempo dissertar sobre a legitimidade de uma coisa que não estava a seu alcance modificar. Mais uma vez, aparece a *justiça de Pilatos*. Em coro com Aubry e Rau, acrescentaria, à maneira de definição, ser a propriedade "le droit en vertu duquel une chose se trouve soumise d'une façon absolue et exclusive à la volonté d'une personne". Não menos radical seria a posição de Baudry-Lacantinerie, nos *Précis de Droit Civil*, afirmando que "el propietario puede realizar con su cosa actos de cualquier clase aun cuando no tenga ningún interés confesable en realizarlos". Não ficavam aí, porém, as profissões de fé na intangibilidade e no caráter individual da propriedade, porquanto esta era "le droit en vertu duquel une personne peut en principe tirer d'une chose tous ses services", no entendimento de Vareilles-Sommières. "Durante mucho tiempo", lembra Novoa Monreal em *La Nacionalización en su Aspecto Jurídico*, "los privatistas sostuvieron la intangibilidad del derecho de propiedad privada y el carácter absoluto de éste".

O Código de Napoleão, no art. 544 foi incisivo. A Declaração dos Direitos do Homem e do Cidadão, proclamada pela Assembleia Constituinte da Revolução Francesa, consagrara, logo no art. 2º, que "a finalidade de todas as associações políticas é a proteção dos direitos naturais e imprescritíveis do homem e esses direitos são: liberdade, *propriedade*, segurança e resistência à opressão", considerando sagrado e inviolável o segundo desses direitos.

A denominada liberdade contratual e outros institutos surgiram como corolários da intangibilidade da propriedade. A habilidade do administrador público consistiria mais no que deixasse de fazer do que no que fizesse, como pensava Montanelli, sendo a maior parte da posição do Estado frente à economia uma "cognição de índole negativa, dentro da qual se poderia manifestar a imaginação teórica do estadista", como está em *L'Introduzione Filosofica al Diritto Commerciale Positivo di Giuseppe Montanelli*, conforme citação de Modesto Carvalhosa no seu *Direito Econômico*. Tal extensão do direito de propriedade faria com que Renner chegasse a entendê-lo abrangente de "instituições complementares", estas mesmas instituições complementares que viriam, mais adiante, em nosso julgamento, dificultar sua verdadeira função social. Levaria também Wolfgang Friedmann a assinalar, numa passagem atinente ao direito consuetudinário, mas aplicado analogicamente ao direito legislado, que "la propiedad no es precisamente el control teórico pleno sobre una cosa, sino un complejo de derechos, intereses, pretensiones, un 'has de facultades'", nos termos que podem ser lidos em *El Derecho en una Sociedad en Transformación*.

Como vimos, a importância da propriedade frente à ordem social era, pois, predominante. Ainda hoje, apesar do lento desprender-se que se verifica face a essa doutrina anterior, tal predominância se esforça por manter-se presente, mas já recebe golpes poderosos. Para exemplificar, entre a doutrina social da Igreja Católica e a doutrina comunista, a distância é enorme. Mas isso fica suficientemente claro em outros pontos, como sói acontecer com a insistência marxista em destruir a propriedade privada, propriedade privada esta que a doutrina eclesial aceita. É preciso, entretanto, professa a Igreja, num avanço considerável, que se lhe anteponham reparos, se está prejudicando ao extremo a dignidade dos mais pobres, ou o interesse público indiscutível. Esse avanço, imposto ou acompanhado por outros setores relevantes, conduzirá a *efetiva mudança de visualização no conceito de propriedade*.

De fato, a feição absoluta, ou quase absoluta, da propriedade não poderia manter-se imune às investidas das transformações que se iam operando na vida econômica e nas relações sociais.

A cada vez mais acentuada divisão do trabalho, bem como os reflexos outros da Revolução Industrial, haveriam de revolver os princípios tradicionais, máxime depois de haver chegado à conclusão de que os detentores da propriedade dos meios de produção estão dispostos a açambarcar a mais-valia, munindo-se, destarte, de um poder quase público. Ou de um poder político-social irrefragável, ao lado do poder econômico que já detêm. Adquirem eles capacidade desmesurada de exercer influência. É o poder quase total.

A propriedade, que se pretendia absoluta, passa a ser vista como defesa apenas de interesses individuais. Querê-la um dogma inquestionável é evidente exagero, a menos que os prosélitos desse dogma se demitam do dever de doutrinar com racionalidade e com um mínimo de sentimento de justiça. Mas uma pecha assim tão dura não seria, por certo, acolhida por eles. Haveriam de temê-la. Até porque a humanidade atravessava uma época de forte exaltação do racionalismo. Os impactos, portanto, eram recebidos de fora e de dentro, numa prova de que as contradições dos interesses individuais engendram-se por esses interesses mesmos, pois sempre insatisfeitos.

"Le paysan", diz Ripert, em *Évolution et Progrès du Droit*, "qui en 1789 pillait le château devint en 1804 le propriétaire foncier au droit absolu". Eis o relativismo daquilo que se pretendia absoluto. E isso, só por si, já era uma contradição. Ficava difícil coadunar essas variações com a firmeza da doutrina até bem pouco antes professada quase em uníssono. A "force économique de la défense des biens et des droits", disposta a somente se dobrar sob a pressão das "forces revendicatives", não suportam o peso destas últimas. E estas, quando triunfam, fazem-se, por sua vez, "créatrices d'un droit nouveau". É na esteira desse Direito novo que repontam novos contornos da propriedade, a desarticular os travejamentos da noção absoluta que lhe fora impingida até então. *Propriedade é, pois, criação do Direito. E a este, por via de consequência, pode-se atribuir a capacidade de modificar-lhe a efígie.*

A doutrina papal, a que já aludimos mais de uma vez, teve também seu papel na demolição do postulado da propriedade absoluta, herdado do liberalismo. Se os ataques foram mais brandos, tal discussão não vem ao caso. O importante é verificar que Leão XIII o fez claramente quando, na *Rerum Novarum*, declara que a autoridade pública – ou seja, o Estado – pode regular o uso da propriedade e conciliá-lo com o bem comum. Menos incisivas não têm sido as posições de seus sucessores que se detiveram no trato do assunto.

Uma das mais notáveis constatações dessa nova fase é a de que o objeto da propriedade em si, que é somente matéria, não frutifica senão pelo trabalho do ser humano, na conformidade do que muitos, como vimos, haviam anotado e que, agora, vai anotar René Savatier. Custou-se muito a proclamar evidência tão simples e antiga, porquanto contemporânea do próprio surgimento da propriedade. É verdade que, de início, a humanidade ensaiou apenas passos nesse sentido, mas a evidência já existia, à disposição da argúcia de quem se lhe quisesse ater.

Passa-se, depois, numa visão jurídica mais ampla, a ver predominantemente a propriedade, ao invés de ter em conta o proprietário, numa inversão copernicana daquilo que antes ocorria. Se pensarmos a propriedade em termos de algo nascido do Direito e só como decorrência dele explicável, será possível dizer também que passou a existir, colocando--nos numa posição atual, mais a propriedade do que o domínio, admitido este na primitiva acepção de mando indiscriminado em relação à coisa e aos frutos da coisa.

Assim é que conceitos diferentes despontam. "Passa a ser interessante não mais o domínio das coisas, mas o modo como as coisas são utilizadas", consoante descrevem Orlando Gomes e Antunes Varela, em *Direito Econômico*. As três características clássicas da propriedade esbatem-se ao entrechoque das ideias mais recentes. Não se cogita mais de um direito absoluto, exclusivo e perpétuo, mas de algo cujo exercício far-se-á em consonância com os interesses sociais, hoje tidos em maior altitude. Não foi por acaso que, no bojo mesmo do Direito Administrativo, nasceram restrições várias, figuras do tipo servidões administrativas e até a desapropriação por interesse público ou interesse social. Houve até quem receasse, infundadamente, que o Direito pudesse estar sendo ferido de morte. "Se non è morto il diritto morrà perché è mortale. L'esperienza della sua mortalità è il valore della crisi", carpia Carnelutti, em *La Morte del Diritto*. O desalento carneluttiano gera, ao revés, um raio de esperança. E só houve esse seu desalento porque ele confundiu Direito com lei, esta que é simplesmente uma das formas de expressão daquele. O Direito de Carnelutti só "*è morto*" ou "*morrà*" porque não passa de um "*povero idolo*". É o próprio jurista italiano quem o reconhece. Está preso a uma jurisprudência de conceitos inflexíveis na forma e no conteúdo, quando, no mínimo, o último mister se faz recebesse atualização, nem que fosse pela via da Hermenêutica e da interpretação. Direito cego para as lições do passado ou do presente é Direito inapto à preparação do futuro.

Indigitam alguns, no divórcio entre a propriedade e seu controle, ocorrente, por exemplo parcial, nas sociedades anônimas, inquietante desvirtuamento da propriedade, tendo-se em vista que essa estaria ao alvedrio, não de seu titular, mas dos diretores – lembremo-nos de que há muitos acionistas que não são diretores –, executivos ou gerentes administrativos da sociedade. Tal fato realmente tende a acontecer. Não assume, contudo, a roupagem de distorção do direito dos proprietários, nem tampouco agrega, só por si, elemento específico impeditivo do exercício da função social da propriedade. Com efeito, o poder conferido aos diretores, executivos e gerentes administrativos nasce da propriedade mesma dos acionistas e, com frequência, é exercido com o mesmo zelo com que o exercitaria o titular das ações, acrescido dos conhecimentos técnico-científicos que o titular, em muitos casos, não teria. A gerência especializada e impessoal tende a maximizar lucros, não raro – o que é lamentável – em detrimento da função social da propriedade, neste caso corporificada na função social da empresa, que é uma das faces mais notórias daquela. Se algo existe a exprobrar, radica-se nesta última constatação.

Problema que, ao bafejo dos mais conservadores, se tem posto é o da aparente contradição entre *função* e *propriedade*. Lembra Orlando Gomes, no seu já citado *Direito Econômico*, a oposição que se levantou à inserção da ideia de função social da propriedade. Apontava-se, então, uma insanável contradição. Não se imaginava que, poucos anos depois, se chegaria à convicção, hoje generalizada, porque inclusive aceita em várias Constituições, de que a propriedade é uma função especial, de que a utilização dos bens, para o exercício de uma atividade produtiva, não pode mais ser admitida como um direito natural, que se exerce em proveito próprio, para tirar vantagens, porque se assume os riscos desse exercício. Hoje, a ideia de função social está substituindo a de propriedade como direito subjetivo, ilimitado.

Mas não é apenas isso que se deve ter em conta. Cabe ressaltar, ademais, ser mais provável que a propriedade *seja* uma função social do que *tenha* uma função social. Isso, além de nos parecer uma verdade, apresenta inclusive uma vantagem lógica: elimina toda a pretensa contradição, considerando-se que a propriedade já nasce como função e não como simples *facultas agendi*. Torna-se cogente, já no nascedouro, o uso da propriedade no interesse do bem comum. Tal uso não é apenas uma liberalidade do titular, contra a qual, enquanto liberalidade, nada estaria ao alcance do poder social ou político exigir. Fecha-se o círculo, uma vez que entendemos ser a propriedade *o próprio direito* sobre a coisa. A propriedade, já o dissemos, é criação do Direito, que reconhece, no *direito do titular sobre a coisa,* a propriedade mesma. A coisa é apenas o objeto desse direito, assim como, *verbi gratia*, um terreno é o objeto do direito do titular sobre a coisa. A propriedade é o direito. Não o terreno, que é somente objeto dele. Daí por que ser imprópria e expressão *direito de propriedade* – que o uso consagrou e nós mesmos às vezes a dizemos –, uma vez que corresponde a dizer *direito de direito*. Um ilogismo, pois.

Assim, tendo em vista que: *a*) a propriedade é uma função social; *b*) é criação do Direito; e, *c*) ela mesma é direito sobre coisa; *d*) a conclusão a que chegamos é a de que a função social legitima, por si só, a intervenção do Estado ou de grupos sociais influentes, não pela mera intenção de usurpá-la, porém com o fito de torná-la útil – ou mais útil – à coletividade.

Outra coisa é discutir se a tanto já chegou o Direito positivo. Se não chegou, é bem possível que chegue. Enfim, segundo as palavras lapidares de Allais, no testemunho de Jacquemin-Schrans, em *À la Recherche d'une Discipline Économique*, "a verdadeira reforma econômica é a reforma do quadro jurídico da nossa economia". Nem se diga que tais transformações fazem temer pela sorte da segurança contratual. Os contornos conceituais do contrato decorrem da doutrinação jurídica ou dos lineamentos jurídicos positivos. Dessa forma, o contrato liberalista foi fruto imediato de uma conjuntura jurídica e fruto mediato das doutrinas econômicas e jurídicas então em voga. Ganhou forma ao impacto de uma conjuntura. Modificar-se-á ao impacto de outra, geradora de nova doutrina: o intervencionismo estatal ou social. Haveria, por isso, crise do contrato? Não. Apenas alteração da doutrina atinente ao contrato. Um processo evolutivo normal, a exemplo do que acontece com tudo que se não pretende mirrar, defasado frente à marcha inexorável do que é temporal, e em decorrência do caminhar ininterrupto das instituições.

O que observamos é que a chamada *ordem contratual* liberalista merece reformada. É evidente que muitos passos já foram dados, máxime no que se reporta à restrição da liberdade de contratar, quando tal liberdade venha em detrimento da sociedade. Mas outros passos estão ainda por vir. E urge que venham. Isso não afeta o bom uso da liberdade individual. Além disso, mesmo em termos contratuais tradicionais estritos, é uma hipótese não convalidada pela experiência a de que o sujeito econômico seja o melhor conhecedor das condições reguladoras de seu bem-estar, em um determinado momento. Com mais razão, não há provas claras de que ele saiba quais as melhores providências, em seu próprio resguardo para o futuro. E, no entanto, é preciso ter em mente o máximo de bem-estar do indivíduo projetado no tempo. Ao lado de tudo isso, é de considerarmos, como tem ficado enfatizado neste trabalho, o interesse social. Todos esses aspectos desembocam ou têm vinculações com o problema da liberdade de contratar.

Tal alteração no que se diz ser a ordem contratual, em suas nuanças tradicionais, se tem feito e far-se-á mediante um certo custo. Sobretudo a classe dominante atual ou a elite dirigente hodierna podem erguer óbices à consumação do intento. Na superação do impasse, a ação social será muito importante, especialmente por estar ligada a outros pontos que não podem ser esquecidos em semelhante cometimento: o da legitimidade da norma inovadora e o de sua eficácia.

Essas reações oficial e social contra a propriedade e seus consectários ganham corpo paulatinamente. Caminham para institucionalizar--se. Em *El Derecho en una Sociedad en Transformación*, diz Wolfgang Friedmann que "los ataques serios contra los aspectos de poder de la propiedad en la sociedad industrial moderna han tenido un carácter esencialmente institucional". Trata-se, nos dias atuais, de um poder-dever do Estado e de uma tendência aceita dos grupos sociais influentes.

Convém, não obstante, evitar os radicalismos. Não preconizamos a extinção pura e simples da propriedade privada. Isso já é uma conclusão translúcida de todo o corpo desta obra. Pretendemos, isto sim, comprometê-la profundamente com o complexo das relações sociais e com o desenvolvimento. Não caiamos no polo extremo. O remédio que cura também mata. Depende da dosagem. Adaptemos as palavras de Milton Friedmann: "las medidas gubernamentales destinadas a eliminar o compensar la inestabilidad económica pueden, por el contrario, aumentarla". É o que escreve ele em *Ensayos sobre Economía Positiva*. Até mesmo a tributação, quando pretender induzir a propriedade como função social, há de precatar-se no sentido de ser realmente "técnica susceptible de orientar en tal o cual dirección la actividad nacional".

Eros Grau, secundando Pugliatti, enfatiza que a função social da propriedade – ou, como preferimos agora dizer, a propriedade como função social – "é poliédrica e pode ser dita verdadeiramente indeterminada – tantos são os aspectos sob os quais pode caracterizar-se uma função social, a qual terá não apenas vária relevância específica, mas poderá ter relevância em função da importância que o elemento social adquira em um determinado momento aos olhos do legislador". É o que está grafado em seu verbete "Função Social da Propriedade", na *Enciclopédia Saraiva do Direito*.

O certo é que a propriedade de hoje configura-se bem diferente daquela do pensamento liberalista. Diez-Picazo esquematiza, em opinião apresentada durante a Mesa Redonda levada a efeito pelo Centro de Estudos e Comunicação Econômica, os pontos principais dessa distinção. Do lado da propriedade liberal burguesa, assinala os seguintes traços básicos: *a*) era um direito fundamental do indivíduo, constitucionalmente reconhecido e provido do máximo de conteúdo em termos de gozo; *b*) havia clara excepcionalidade das limitações ao domínio, do que se depreende que as esporádicas limitações surgidas concebiam-se em caráter fora do normal, como derrogação de uma regra e, em consequência, como algo necessitado de submeter-se a uma interpretação restritiva e, na hipótese de ser desapropriado, mesmo por utilidade pública notória, preceder-se-ia tal desapropriação de oportuna indenização e acompanhar-se-ia de rígida observância dos procedimentos expropriatórios assentes; *c*) via-se a propriedade como poder de disposição pelo seu titular, o que implicava sua livre realização no mercado. No que se relaciona com a propriedade vista sob o foco doutrinário recente, aponta: *a*) a progressiva ampliação do âmbito da expropriação forçada; *b*) o surgimento da ideia da propriedade com função social – ou como função social, diríamos –, princípio que já começa a merecer tratamento constitucional; *c*) o desaparecimento do preceito da reserva legal e a perda do caráter excepcional das restrições ao domínio, passando isso a ser um marco normal do progresso desse direito e conduzindo a que, hoje, só se possa definir a propriedade descrevendo previamente seu objeto, seu conteúdo e seus limites.

A *fundamentação e positivação da ideia de propriedade como função social*, consoante enunciamos, envolve muitos aspectos, como foi antes afirmado, e exigiu o combate sem tréguas a alguns mitos, ou falhas de inferência ou de interpretação.

A primeira dessas falhas certamente foi a posição de inferioridade, de início legada ao trabalho no processo econômico, agravada pela deformação ótica de determinados observadores, que veem nas teorias de cunho liberalista mais do que, às vezes, elas efetivamente dizem.

O individualismo de Locke é um desses sistemas de pensamento amiúde deturpados. Não obscurecemos que ele foi um doutrinador liberalista e individualista. O que pretendemos sublinhar é que suas ideias em torno da propriedade, ao indigitar suas origens, preocuparam-se em localizar o fator trabalho com o destaque que seria de mister para as peculiaridades da escola. Na verdade, uma incursão cuidadosa na obra do grande pensador só nos leva a tal inferência.

Com efeito, logo no início do Capítulo V do *Segundo Tratado sobre o Governo*, o filósofo de Wrington rememora o rei Davi – Salmo 113, 24 – assinalando que Deus "deu a terra aos filhos dos homens, concedendo-a em comum a todos os homens. Tal se supondo, contudo, a alguns afigura-se muito difícil como é possível chegue alguém a ter a propriedade de qualquer coisa". Esse domínio comum cessa, porém, conforme Locke, quando o homem se apropria dos frutos que a natureza lhe oferece, podendo tornar-se benéfico a qualquer indivíduo em particular. "O fruto e a caça que alimenta o índio selvagem, que não conhece divisas e ainda é possuidor em comum, deve ser dele e de tal maneira dele, isto é, parte dele, que qualquer outro não possa mais alegar qualquer direito àqueles alimentos, antes que lhe tragam qualquer benefício para sustentar-lhe a vida."

Após a leitura dessas passagens, em que é possível também lobrigar o germe das doutrinas individualistas, vamos encontrar, acerca da importância do trabalho como originador da propriedade, claras referências. "Embora a terra e todas as criaturas inferiores sejam comuns a todos os homens, cada homem tem uma propriedade em sua própria pessoa; a este ninguém tem qualquer direito senão ele mesmo. O trabalho do seu corpo e a obra de suas mãos, pode dizer-se algo propriamente dele. Seja o que for que ele retire do estado que a natureza lhe forneceu e no qual o deixou, fica-lhe misturado ao próprio trabalho, juntando-se-lhe algo que lhe pertence, e, por isso mesmo, tornando-o propriedade dele. Retirando--o do estado comum em que a natureza o colocou, anexou-lhe por esse trabalho algo que o exclui do direito comum de outros homens."

Feitas essas observações – que não deixam de atestar sua propensão a uma propriedade absoluta –, é-nos razoável anotar que, em seu sistema, ao lado da importância conferida ao trabalho como fonte da propriedade e legitimador da exclusividade sobre ela, também podemos divisar um aceno, não obstante remoto, à propriedade como função social. Efetivamente, no último período do § 27 do referido Capítulo V, lê-se a afirmação de que o que se juntou é propriedade exclusiva do trabalhador e "nenhum outro homem pode ter o direito ao que se juntou, pelo menos quando houver bastante e igualmente de boa qualidade em comum para terceiros". Daí concluímos que, não havendo bastante e de boa qualidade em comum para terceiros, como se verifica atualmente, pode-se limitar a utilização do que se juntou. Mais adiante, tal ilação é posta de manifesto pelo próprio filósofo: "A mesma lei da natureza que nos dá por esse meio a propriedade, também a limita igualmente. 'Deus nos deu de tudo abundantemente' (I Tim. 6, 17) é a voz da razão confirmada pela inspiração. Mas até que ponto no-lo deu? Para usufruir. Tudo quanto qualquer um pode usar com qualquer vantagem para a vida antes que se estrague, em tanto pode fixar uma propriedade pelo próprio trabalho; o excedente ultrapassa a parte que lhe cabe e pertence a terceiros. Deus nada fez para o homem estragar e destruir. E se considerarmos a abundância das provisões naturais existentes durante muito tempo no mundo, e quão pouco eram os que as gastavam, e a que pequena parte dessa provisão podia estender-se a diligência do homem, açambarcando--a em prejuízo de outros, especialmente se se conservasse dentro dos limites estabelecidos pela razão do que lhe pudesse ser útil, pouco lugar haveria para controvérsias ou lutas relativamente à propriedade assim estabelecida."

Demais autores poderiam ser apontados em tempos que já se distanciam dos de hoje. Se preferimos Locke, e com ele nos contentamos, foi para demonstrar ser possível combater os radicalismos do liberalismo em suas próprias fontes. E, em épocas posteriores, semelhantemente, surpreendemos estudiosos de peso a empalmar igual ideia. Bastaria lembrar, entre muitos, e para não falar noutros mais radicais, Hodskin e Thompson. Aliás, entendimento diverso atingiria até o princípio da *felicidade máxima* de Bentham. Não muito antes, Ravenstone, conservador, já sugerira uma dedução ou apropriação dos rendimentos da propriedade.

Ora, ainda que abstraiamos, por enquanto, a questão da escassez de recursos ou o problema do interesse social e público não propriamente vinculado a tal escassez, uma conclusão se nos impõe: se há uma propriedade nascida do trabalho alheio, é justo que se deem limites a essa propriedade em benefício do todo da sociedade. Do mesmo modo, em corolário, se existe uma propriedade que não nasceu do próprio trabalho, razoável é que o proprietário não se contraponha a seu uso a favor do interesse social ou público.

Os cânones do interesse individual como força motriz única da economia terminam por não conseguir esconder indisfarçáveis desvantagens. O sistema econômico impelido por uma energia que lhe fosse imanente é formulação irreal, assim como, de resto, é irreal também o *homo œconomicus*, pois a concorrência perfeita, em que se baseariam, não ostenta condições de durabilidade em qualquer mercado. É uma ilusão, proveitosa para poucos. Isso está ínsito no próprio conceito de interesse e desejabilidade econômicos. Trata-se, dessa forma, de ideal distanciado da realidade como distanciado dela estava o bucólico retiro de Kircaldy – onde Adam Smith concebeu o grosso de sua teoria – da azáfama dos grandes mercados ou da efervescência operária que resultaria do advento dos grandes centros industriais. Mesmo assim, se analisarmos Adam Smith nas entrelinhas, tiraremos lições expressivas da fundamentação mesma da propriedade como função econômica no próprio liberalismo econômico, golpeando-o mais uma vez a partir de seu próprio cerne. "Não é da benevolência do carniceiro, cervejeiro ou padeiro que podemos esperar o nosso jantar, mas sim do fato de eles procurarem o seu próprio interesse. Podemos apelar, não para seu espírito humanitário, mas sim para o amor que têm por si próprios, e nunca lhes falemos de nossas necessidades, mas sim de suas vantagens."

Embora sem o querer, o fundador da Ciência Econômica – no mérito que muitos lhe atribuem – deixa entrever, em trechos como o acima, a necessidade da intervenção do Estado, ou dos grupos sociais influentes para tanto, com a finalidade de regular a economia, ceifando interesses mais agudamente operantes. A imperfeição dos mercados poderá fazer da propalada liberdade contratual uma ilusão, uma vez que, tornando-se uma das partes contratantes excessivamente mais forte do que a outra, esta não terá como fazê-la respeitar sua justa vontade.

Apesar de seus méritos, fazendo suscitar a reviravolta keynesiana, o marginalismo malogrou por não aproveitar com devida ênfase o aceno que fazia à propriedade como função social. Tentava, nos últimos momentos de seu sucesso e diante da crescente avalanche de desempregados, justificar uma posição que já se patenteava injustificável. Antes mesmo disso, víamos em Sraffa a alfinetada incômoda na "insensibilidade marginalista": a teoria dos preços deveria ser reconstituída em outras bases, eis que o princípio da concorrência perfeita não se aplicava a qualquer mercado real. A maioria das empresas – pelo menos das empresas industriais – tinha os olhos voltados para os ganhos de escala e os pés neles firmados. Apetecia-lhe crescer cada vez mais e sempre, donde advinha uma concorrência imperfeita, talvez monopolística. E aí já não é concorrência. O nível dos preços, confirmaria Kalecki, tem, em sua formação, influência do custo e da demanda.

Laborando no sentido de determinar o valor do dinheiro, Fisher muito acrescentou com vistas a fazê-lo melhor compreendido e, em consequência, ajudou a matematizar a demonstração de que a propriedade recebe os efeitos de fatores exógenos, que lhe ampliam ou diminuem a expressão econômica. Eis sua fórmula de determinação do valor do dinheiro:

$$P = \frac{MV + M^1V^1}{T}$$

em que

P = preços;
M = montante de dinheiro em circulação;
M^1 = parcela de dinheiro representada pelos depósitos em instituições financeiras;
V = velocidade de circulação de M;
V^1 = velocidade de circulação de M^1; e,
T = número de transações.

A equação de Fisher evidenciou que o Estado não apenas cria dinheiro, mas deve também assegurar a sua aplicação, gastando-o. Ou, dependendo da conjuntura, retendo-o. Aí, as bases do keynesianismo e a constatação da importância dos investimentos ou sofreamento de gastos, a partir do poder público ou de grupos macroeconomicamente influentes.

A respeito de Keynes, é dispensável tecer muitas considerações aqui, de uma feita que já o fizemos antes – o importante é mostrar que a propriedade não é só natureza, ou só depende dela. No momento, é bastante recordar a enorme brecha que abriu nos postulados marginalistas e a repercussão que seu pensamento provocou na crença de um mercado que se equilibrasse por si mesmo. Os reflexos disso na macroeconomia são indiscutíveis.

O consumo e sua repartição pedem meditações propícias ao tema ora desenvolvido. O *panem et circenses* dos antigos não mais satisfaz. Camargo Vidigal, tratando do assunto, percebe que "a possibilidade social de consumo é função da capacidade social de produzir", consoante se lê em sua *Teoria Geral do Direito Econômico*. Disso é razoável tirarmos a conclusão de que a possibilidade social de consumo é função da renda social. E aduz ele que "não só é o consumo global uma função da renda global, como também a repartição social do consumo é função da repartição social da renda". Assim, não poderíamos falar em liberdade real no consumo inviável, conclui magistralmente o autor paulista.

Em consequência, as normas que se estabeleçam para o consumo afetam a atividade produtiva, e vice-versa. As decisões de investir, por seu turno, medem-se pela expectativa de consumo e a expectativa de consumo tem a ver com o consumo recente. Ora, tudo isso é um complexo que não pode ficar ao sabor das leis do mercado puro, que não existe. E se acontecerem situações supervenientes imprevistas? Todo o sistema sofrerá os efeitos disso, sem perspectivas de correção conjuntural, ou mesmo estrutural? Nesses casos é que reponta, indiscutível, a importâncias de serem regulados o ter e o uso da propriedade, porquanto se cuida de relevantíssimo fator da produção – compreendido, aí, o capital –, capaz, inclusive, de modelar o fator que sobra: o trabalho, que está na origem da propriedade e pode estar nas consequências dela. Voltando a Camargo Vidigal: "A capacidade social de produzir tem, em cada comunidade e em cada momento, um limite máximo, determinado pelo volume e pela produtividade dos titulares do fator trabalho, pela quantidade e qualidade do equipamento e dos recursos naturais disponíveis".

É como se disséssemos: a propriedade a tudo isso alcança, provocando repercussões que não podem ficar à margem da regulação estatal e do surgimento de hábitos ou costumes sedimentados por grupos sociais macroeconomicamente influentes. Toda essa regulação, por ser legal ou consuetudinária, desponta via ordem jurídica. Enfim, a propriedade mesma é integrante dessa.

Tendo a vida econômica, por si mesma, revelado-se inábil a essa forma de disciplinamento, precisa-se do Direito, seja por meios estatais – a lei em ação –, seja por meios sociais – o consuetudinarismo atuando, por força da ação dos grupos sociais macroeconomicamente influentes. Os próprios instrumentos estatais ordinatórios hão de ungir-se da legitimação social, que os tornam eficazes. Isso é importante para situar as coisas. Não se procurem soluções onde não as há, como acontece com a inútil espera de que a vida econômica por si mesma – estreitando--a mais: o mercado por si mesmo – aja de maneira satisfatória. Sendo tarefa da Ciência Econômica pesquisar, dentro de uma hierarquização de valores, o uso racional de meios escassos, nada mais adequado do que o Estado ou os grupos sociais macroeconomicamente influentes – estes mais raramente dispostos a atuarem –, utilizando o Direito, serem orientados no rumo da ordenação da economia, nos moldes que mais interessem à sociedade e à justiça. A liberdade do ser humano não estaria comprometida, porquanto o próprio resguardo dos interesses sociais já a garantiria, sobretudo se postados, como aqui defendemos, sobre o estrado da justiça.

Na expressão de Sílvio Marcondes, "o direito é tradução da vida social em seus múltiplos aspectos, inclusive o econômico, e, por isso, o fenômeno jurídico não pode ser fixado senão à luz dos seus pressupostos". Na verdade, a importância do fenômeno jurídico é insofismável, sobretudo quando houver a contribuição, embora em oportunidades incoincidentes, para a consumação da propriedade como função social. De resto, ordem econômica e ordem jurídica não se excluem. Pelo contrário, devem completar-se. Jacquemin-Schrans sublinham, em *O Direito Econômico*, que "a coisa não se converte em bem, senão graças aos direitos que se têm sobre ela", porque "em suma, o verdadeiro bem é menos coisa do que os próprios direitos". Advertindo que a palavra *bem* não está usada em seu sentido filosófico exato, mas sim numa conotação econômica, concordamos plenamente com a transcrita assertiva. Até o valor dos bens, qualquer que seja sua natureza, cresce, não raro, na medida da proteção jurídica que se lhe confira, pois o bem não é somente concreção. Dizendo mais claramente, poderíamos asseverar que tal fenômeno ocorre até mesmo com o bem econômico, que também não se perfaz apenas pela concretude que se lhe dê. O bem, economicamente falando, traduz-se pelo valor econômico. Filosoficamente, com mais razão ainda, porque leva o conceito de valor para além de sua expressão econômica, embora continue comportando-a ainda.

Haveria, assim, uma contradição? Não. A propriedade é criação do Direito. E é direito, assim, com minúscula. Só que numa outra acepção. Tanto faz dizer propriedade como dizer direito. Quando dizemos *direito de propriedade*, a expressão, em que pese a ser quase pleonástica, está apenas qualificando, adjetivando a espécie de direito. Isso porque há outros direitos: de cidadania, da vida conjugal, de religião etc. Poderia alguém, sobretudo se de tendências marxistas, redarguir: mas o Direito não é superestrutura? Em alguns casos, o é. Todavia, ocorre de, se visto subjetivamente, não o ser. E ainda que o fosse sempre e em qualquer hipótese, a superestrutura pode ser influenciada pela infraestrutura, como no caso de alguém que vá sob um guarda-chuva – superestrutura – pode influenciá-lo no modo como o use. Mais para frente, mais para trás; mais aberto, mais fechado, e assim por diante.

O Direito é superestrutura também das relações sociais, tanto em sentido amplo quanto em sentido estrito. Elas, noutras palavras, exercem influência sobre a produção jurídica, podendo forçar alterações. Tais alterações, se for no caso da propriedade, vão exatamente modificar-lhe o perfil, de uma feita que tal perfil é a fisionomia mesma da propriedade. É o direito sobre a coisa. E as vinculações de tais modificações com o poder econômico? Respondemos: *a*) poder econômico, conceitualmente, não é o mesmo que propriedade, apesar de esta ter como proporcionar aquele; *b*) quando o Direito se expressa em forma de normas inovadoras da propriedade, só por ser esta – como direito que é – resultado do Direito, com maiúscula, estará ela se transmutando tal qual se houverem transmutado as normas destinadas a inovar. Portanto, da convicção mesma de ser a propriedade o direito de propriedade e não o objeto sobre o qual ele incide, origina-se a resposta, que, aliás, é bem mais simples de ser dada, porque tudo não passa de uma pseudocontradição.

A complementaridade da ordem jurídica frente à ordem econômica e a não-exclusão de uma à outra fundam-se no conceito das duas, esculpidos ao influxo de poderes diversos. Mesmo reconhecendo que a filiação doutrinária de cada autor possa gerar variação de matizes, havemos de reconhecer que, no fundo, fica sempre um resíduo a estimular a compatibilização. Ou, melhor dizendo, talvez a aconselhar a ação corretiva da ordem jurídica sobre a ordem econômica. Chamamos ordem econômica, louvando-nos em Max Weber, em seu *Economía y Sociedad*, "à distribuição do poder de disposição efetivo sobre bens e serviços econômicos que se produz consensualmente – *consensus* – segundo o modo de equilíbrio de interesses, e à maneira como esses bens e serviços se empregam segundo o sentido desse poder fático de disposição que descansa sobre o consenso".

Logo, convém que a eficácia jurídica, por meio do Estado ou dos grupos sociais macroeconomicamente influentes, reponha no respectivo álveo o elemento econômico e, portanto, também a propriedade. Máxime quando se tratar da propriedade dos fatores da produção, sempre que a eficácia econômica se revelar incapaz de o fazer. Impõe-se, nessas circunstâncias de ineficácia, a aplicação de contrapesos jurídicos, principalmente se tivermos na linha de nossas considerações que a eficácia econômica, em termos de concorrência perfeita, só acontece mais no plano ideal. No plano real, na maioria das vezes, exige-se a ajuda da intervenção. Sobejam exemplos de fatores que atingem, prejudicando-a, a eficácia econômica: economias de escala; necessidade crescente de bens e serviços coletivos, estes quando são pouco apetecíveis à atividade empresarial privada; efeitos externos da atividade empresarial, afetando o meio ambiente, poluindo o ar, a água etc. e provocando desequilíbrios ecológicos; insensibilidade do interesse individual quanto à justa distribuição de rendas, às vezes em virtude do contínuo que é o processo econômico, prejudicando o consumo e, em seguida, a própria produção; incertezas do mercado, tolhendo o dinamismo econômico; e assim por diante.

De tudo quanto exposto, é possível tirar uma lição inescusável: no mundo atual, com a má distribuição da riqueza, a inquietude operária e a politização progressiva das massas, a rarefação dos recursos em contrapartida ao aumento das necessidades, não podemos esconder a conceituação da propriedade como função social.

Tamanha tem sido a acolhida doutrinária à ideia de função social da propriedade, que nós, como repetidamente temos dito, preferimos designar propriedade como função social, que o Direito positivo tende a dar-lhe ampla guarida, já havendo manifestações nesse sentido, em diversos ordenamentos jurídicos. Aliás, a abrangência do que é a propriedade como função social, inclusive quando operada fora da ação estatal, ou seja, por intermédio da ação dos grupos sociais macroeconomicamente influentes, convém seja constitucionalmente definida, para maior clareza e solidez do instituto. Essa preocupação não pode ser interpretada rigidamente, como, de resto, toda interpretação tende a moldar-se. Antes de qualquer outra procura, é dever do intérprete buscar o sentido que melhor espelhe o espírito da Constituição. Ou, se, em alguns casos, a matéria for tratada em nível infraconstitucional, que o intérprete, tal qual deveria fazer se estivesse interpretando a Constituição, baseie-se naquilo que chamamos Hermenêutica Total, a cujo respeito não nos estenderemos, de uma feita que é fácil observá-lo à luz de nosso livro *Hermenêutica*.

O Direito, já por si, é limitação de liberdade, como muito bem demonstraria a genialidade do pensamento kantiano. Limitação desse jaez exige, todavia, cuidadosa ponderação, a fim de que não resvale para o polo oposto, atinente às situações de domínio de uns sobre os outros, a exemplo do que, sem o querer, fizeram o legalismo liberalista e a prática do sistema marxista. Também não se leve o enfoque da propriedade como função social a concretizar o receio de Tibério, posto na boca de Suetônio: "Bonis pastores esse tondere ovis, non deglubere". Tosquiar a ovelha é a meta. Não arrancar-lhe o couro, eliminando-a.

Além disso, há a questão do custo social e do custo político, os quais, com frequência, poderão inibir o legislador ou o grupo social macroeconomicamente influente. De certo modo, não é de estranhar que isso ocorra. É até esperável que aconteça, dada a insaciável desejabilidade econômica. Na verdade – e Lerner já o disse – a satisfação do indivíduo humano nasce de sua própria renda. Não da renda dos outros. A esperável inibição que isso possa acarretar não deve, entretanto, ser tamanha que impeça o legislador ou os grupos sociais macroeconomicamente influentes de ousar um pouco. Se forem eles aguardar uma ocasião de consenso absoluto antes de tomar qualquer medida nesse sentido, dificilmente farão alguma coisa. Idêntica timidez dos fautores da norma vem recomendar, mais uma vez o dizemos, que não se retire ao intérprete, sobretudo se for um juiz, a oportunidade de, em alguns casos concretos, decidir em consonância com os anseios sociais e com as necessidades de equilíbrio da economia, ainda que não exista norma expressa e específica. Para tanto, bastará a simples conformidade com o arcabouço do ordenamento jurídico, constitucionalmente alicerçado explícita ou implicitamente.

A verdade é que, na moderna visualização do uso da propriedade como função social, relevante papel se outorga ao Direito positivo, sem prejuízo do trabalho desbravador que compete aos pensadores e intérpretes, entendidos, aqui, naquela missão pré-jurídica de abrir espaços, antepondo-se ao momento em que suas opiniões, inspiradas no campo da licitude ou alimentadas do espírito constitucional ou infraconstitucional, sejam marchetadas no ordenamento positivo, via norma legal ou simplesmente consuetudinária, doutrinária, jurisprudencial ou atinente aos princípios gerais do Direito.

Não obstante essa abertura, hoje em dia vários diplomas constitucionais albergam o princípio da função social da propriedade, ou, como achamos certo, o princípio da propriedade como função social. Também diplomas legais hierarquicamente inferiores hão acatado essa moderna configuração. De uma ou de outra dessas formas, são os casos da Itália, da Alemanha, do México, da Espanha, de Portugal e de outros Estados.

No Brasil, o § 17 do art. 113 da Constituição de 1934, assim como o art. 122 da Carta de 1937, impunham limites ao exercício do direito que é a propriedade. A Constituição de 1967 colocou, entre os princípios subsidiários da ordem econômica e social, a função social, reputando basilar o princípio da justiça dita social. A Emenda Constitucional 1, de 1969 – que, em verdade, era outra Constituição –, embutiu, no art. 160, inciso III, expressamente "a função social da propriedade", podendo tal dispositivo ser visto em combinação com o § 22 do art. 153, com o art. 161 e seus §§ e bem assim com a parte final do art. 172, que cominava ao proprietário que fizesse mau uso da terra o impedimento de receber incentivos e auxílios do Governo.

Na Constituição de 1988, vigente, temos a menção expressa contida no art. 170, inciso III, à "função social da propriedade" como um dos princípios da ordem econômica, "fundada na valorização do trabalho humano e na livre iniciativa", visando a garantir a todos existência digna, "conforme os ditames da justiça social". Vários outros dispositivos, porém, tratam da matéria. Já no art. 5º, XXIII, está dito que "a propriedade atenderá a sua função social". Logo a seguir, no inciso XXIV, lê-se que "a lei estabelecerá o procedimento para desapropriação por necessidade ou utilidade pública, ou por interesse social, mediante justa e prévia indenização em dinheiro", ressalvados os casos que a própria Constituição prevê. O inciso XXV dispõe que "no caso de iminente perigo público, a autoridade competente poderá usar de propriedade particular, assegurada ao proprietário indenização ulterior, se houver dano". No inciso XXVI, a Lei Máxima prevê que "a pequena propriedade rural, assim definida em lei, desde que trabalhada pela família, não será objeto de penhora para pagamento de débitos decorrentes de sua atividade produtiva, dispondo a lei sobre os meios de financiar o seu desenvolvimento". O art. 43, § 2º, IV e § 3º estabelecem que os incentivos fiscais previstos em lei conferirão "prioridade para o aproveitamento econômico e social dos rios e das massas de água represadas ou represáveis nas regiões de baixa renda, sujeitas a secas periódicas", assim como a União incentivará nessas áreas "a recuperação de terras áridas e cooperará com os pequenos e médios produtores rurais para o estabelecimento, em suas glebas, de fontes de água e de pequena irrigação". O § 4º do art. 153 diz que o imposto sobre a propriedade territorial rural "terá suas alíquotas fixadas de forma a desestimular a manutenção de propriedades improdutivas e não incidirá sobre pequenas glebas rurais, definidas em lei, quando as explore, só ou com sua família, o proprietário que não possui outro imóvel". No art. 182, *caput*, e § 2º, está grafado que a política de desenvolvimento urbano "tem por objetivo ordenar o pleno desenvolvimento das funções sociais da cidade e garantir o bem-estar de seus habitantes", e que a "propriedade urbana cumpre sua função social quando atende às exigências fundamentais de ordenação da cidade expressas no plano diretor". Mas não fica só nisso. O art. 185, *caput*, e incisos I e II, e seu parágrafo único, rezam que são "insuscetíveis de desapropriação para fins de reforma agrária a pequena e média propriedade rural, assim definida em lei, desde que seu proprietário não possua outra" e "a propriedade produtiva", ao lado de acrescentarem que "a lei garantirá tratamento especial à propriedade produtiva e fixará normas para o cumprimento dos requisitos relativos a sua função social". O art. 186, *caput*, e incisos dispõem que a "função social é cumprida quando a propriedade rural atende, simultaneamente, segundo critérios e graus de exigência estabelecidos em lei", aos requisitos de aproveitamento racional e adequado; utilização adequada dos recursos naturais disponíveis e preservação do meio ambiente; observa as disposições que regulam as relações de trabalho e é explorada em condições que favoreçam o bem-estar dos proprietários e trabalhadores. O art. 191 prevê a possibilidade de quem, não sendo proprietário de imóvel rural ou urbano, possua como seu, por cinco anos ininterruptos, sem oposição, área de terra, em zona rural, não superior a cinquenta hectares, tornando-a produtiva por seu trabalho ou de sua família, tendo nela sua moradia, adquirir-lhe a propriedade.

Percebemos, no ordenamento constitucional em vigor, um posicionamento positivo, ativo e amplo a respeito da propriedade como função social – a Constituição ainda usa a expressão "função social da propriedade", mas isso não nos impede de pensar em termos daquilo que se nos assemelha teoricamente mais correto: "propriedade como função social" –, assim como um acatamento especial ao trabalho honesto e produtivo, o que, aliás, já é visto desde o art. 1º, IV. Para ser mais eficaz do que já o é, é suficiente que se lhe dê maior apoio prático, principalmente no que tange à reforma agrária, à defesa do meio ambiente e à distribuição da riqueza, entre preocupações outras.

Em suma, podemos afirmar que o princípio da propriedade como função social encontra-se firmemente acolhido em nosso ordenamento jurídico, quer no Direito positivo expresso, quer por força de posicionamentos doutrinários e em razão de outras fontes igualmente efetivas.

5. *A extrafiscalidade*

Quanto à finalidade, os tributos se classificam em fiscais, parafiscais e extrafiscais. O que nos interessa neste tópico é a caracterização dos tributos extrafiscais. Todavia, para fazê-lo, é imprescindível que discorramos um pouco acerca da tributação fiscal, pois a conceituação de tributos extrafiscais decorre do entendimento do que sejam os tributos fiscais.

A tributação inicialmente foi vista apenas como um instrumento para prover o erário dos recursos necessários aos gastos indispensáveis, ou até mesmo dispensáveis, como era o fausto ostentado por certos governantes. Essa era o que se chamava – e ainda se chama – tributação fiscal ou fiscalidade. Noutras palavras, eis, portanto, os tributos fiscais. Tinham-se, aí, finanças públicas que se voltavam para as tarefas tradicionalmente cometidas ao Estado, que haveria de cuidar da defesa externa, da segurança interna e da promoção de um bem comum que se contentava, quando muito, com os serviços de instrução, justiça e obras públicas. Procurava-se uma neutralidade impositiva, providenciando-se para que os tributos não alterassem as regras do mercado e a distribuição dos ingressos. Importava, isto sim, o equilíbrio orçamentário anual, já que os orçamentos deveriam ser elaborados em moldes que estivessem o mais possível imunes à patologia do déficit ou do desproporcional superávit. O mais que se permitia era a distinção entre finanças ordinárias e extraordinárias, atendo-se as primeiras à cobertura dos gastos com recursos patrimoniais dos impostos e as segundas ocupando-se do endividamento e de outras medidas monetárias ou fiscais. Nada de intervir na livre iniciativa por meios tributários, já que isso se eivaria de insanável equívoco, na opinião dos prosélitos da fiscalidade estrita.

Entretanto, é possível observarmos que, se era razoável falar de uma tributação fiscal, não poderíamos, com êxito, cogitar, então, da existência de uma fazenda neutral. Isso, ela nunca o foi. É ideia que, não obstante haja prosperado como tese, a prática se encarregou de fazer mirrar. Era intimamente injusta, seja sob a forma de neutralidade por compensação, seja sob a forma de neutralidade por dimensão. Sua inviabilidade prática emergia – e ainda emerge –, pelo menos em relação à neutralidade por compensação, face à impossibilidade de o Estado restituir aos contribuintes, mediante serviços públicos, o mesmo montante de utilidade de que o pagamento dos tributos os houvesse privado, mormente se se pretendesse que a restituição se desse simultaneamente à privação. No que tange à neutralidade por dimensão, podemos afirmar, embora com algumas ressalvas, que seria implementável, quando se cuidasse de finanças que influíssem – ou influam – tão pouco na economia privada que sua ação não se tornasse, nem se torne, sensível em termos de redistribuição das rendas.

Em qualquer das duas hipóteses, contudo, cabe anotar um dado inegável: a fazenda que é tida como neutral protege os favorecidos, deixando ao desabrigo os desfavorecidos, porque desafoga aqueles e nada faz em relação a estes. É um intervencionismo às avessas, pelo menos à luz da justiça. Permite que os titulares do capital e dos recursos naturais – por via de consequência, também da mão de obra – amealhem mais riquezas ainda, aumentando as disparidades entre os indivíduos. Em decorrência, apesar de ser possível animar-nos a fazer uma diferenciação entre tributação fiscal e extrafiscal, afigura-se-nos um despropósito buscar um paradigma histórico para a efetiva neutralidade fazendária.

Depois de tudo isso, outra ilação desponta: exclui-se de nossas cogitações a fazenda "neutral", por inexistir como algo ponderável. Fiscalidade para nós não é sinônimo de neutralidade, na correta acepção desta última palavra. Desvencilhamo-nos, com essa posição negadora da neutralidade no tocante a *tributação neutral, fazenda neutral, finanças neutrais* ou expressões assemelhadas, de um insustentável fator de perturbação conceitual.

Baseando-nos no que diz Souto Maior Borges em sua *Iniciação ao Direito Financeiro*, entendemos que tributação fiscal é aquela que "se limita a retirar do patrimônio dos particulares recursos pecuniários para a satisfação de necessidades públicas".

Do conceito de tributação fiscal, decorre, segundo já sublinhamos, o de tributação extrafiscal.

Tanto a conjuntura quanto a estrutura econômicas exigem medidas corretivas de parte do Estado ou dos grupos sociais macroeconomicamente influentes, conquanto os últimos fiquem de fora ao se trabalhar com o fenômeno da tributação. A ideia de que o mundo caminha por si mesmo há muito perdeu o seu fascínio, e somente o fascínio, porque verdade nunca encerrou, exceto se lhe déssemos uma aplicação voltada puramente para a natureza, jamais para a sociedade, nas suas diversas manifestações vivenciais, ou melhor, convivenciais.

Ainda lembrado as expressões de Souto Maior Borges, a base doutrinária da extrafiscalidade "não considera a atividade financeira um simples instrumento ou meio de obtenção de receita, utilizável para o custeio da despesa pública. Através dela, o Estado provoca modificações deliberadas nas estruturas sociais. É, portanto, um fator importantíssimo na dinâmica sócio-estrutural".

Como explica Gerloff, na *Doctrina de la Economía Tributaria*, "recién en los últimos tiempos el uso del impuesto como medio de ordenamiento político con renuncia más o menos completa de la finalidad financiera, ha hallado defensores teóricos en proporción considerable y también adeptos en la práctica". Logo após, giza os contornos de ambas as doutrinas, ou seja, o que ele denomina doutrina chamada a cobrir as necessidades públicas mediante tributos e doutrina econômico-tributária. E assinala que, como facilmente se observa, trata-se de dois fenômenos totalmente diferentes. Uma compreende a satisfação das necessidades mediante impostos, quer dizer, mediante verdadeiros tributos financeiros, servindo-se deles prevalentemente ou com exclusividade, para obter recursos. A outra tem o objetivo de influenciar as ações humanas mediante impostos chamados impostos de ordenamento, os quais não propendem a obter um ingresso ou pelo menos não é esse seu principal fim.

Em razão disso, tem-se procurado utilizar o instrumental financeiro – mais especificamente o tributário, no nosso caso – a fim de que se obtenham esperados resultados econômicos e políticos, ou resultados desenvolvimentistas em geral, como reprimir a inflação, evitar desemprego, coarctar a depressão econômica, aquecer ou desaquecer a atividade econômica, proteger a indústria ou a agricultura nacionais, promover a redistribuição de renda, reduzir o desnivelamento de fortunas, atuar sobre a densidade demográfica, ocasionar melhor distribuição espacial da população, fortalecer a educação, incentivar o saneamento básico, criar acesso à saúde para as camadas sociais mais baixas, diminuir o desnivelamento inter-regional dentro do território de um Estado e muitas outras finalidades.

Reportando-se a tal eficácia intervencionista, Griziotti, em seus *Studi di Scienza delle Finanze e Diritto Finanziario*, rememora o *New Deal* rooseveltiano e deixa subentendida a superação das posturas fiscalistas radicais, resultantes da construção filosófica predominante do século XIX, "per cui se riteneva che la finanza pubblica non dovesse modificare le condizione della produzione, del consumo e della distribuzione della ricchezza". Por seu turno, Neumark, em *Problemas Económicos y Financieros del Estado Intervencionista*, não dá margem a concessões, quando assinala que a tese de que o imposto só deve perseguir fins de natureza fiscal não ostenta outro fundamento, senão uma aversão política e afetiva à intervenção estatal.

Dizer-se que os objetivos extrafiscais tornam o sistema tributário "más artificioso, complicado y difícil" – Von Jakob – ou afirmar que o posicionamento extrafiscalista distorce a função arrecadatória própria dos tributos, não passa de um comodismo injustificável ou de um conservadorismo exagerado. É o que se infere do pensamento neumarkiano, onde não há lugar para o exagero das dificuldades e complicações existentes, porquanto "en política económica y financiera lo que es cierto es que para juzgar la racionalidad de las medidas con fines no fiscales hay que atender en último extremo al resultado conseguido o presumible. Si un impuesto puede, por tanto, representar el medio apropiado para producir ciertos efectos económicos generales o sociales, es incomprensible entonces – como decía el archiliberal Allix – por qué ha de cerrarse al Estado entre todas sus posibilidades de intervención ésta de la imposición".

Desse modo, a tributação extrafiscal é instrumento eficaz do intervencionismo na medida em que é ação do Estado sobre o mercado e, por conseguinte, sobre a antes intocável livre iniciativa. Contribui, além disso, para modificar o conceito de justiça fiscal, que não mais persiste somente em referência à capacidade contributiva. Com a extrafiscalidade não se tem em vista apenas a capacidade de contribuir, mas também a função ordinatória dos tributos. Pressupõe uma estrutura adequada da fazenda pública, o conhecimento das possibilidades de intervenção com que se pode atuar e o desejo de fazer uso dessas possibilidades, inclusive forçando seu alargamento, pois imobilismo e extrafiscalidade são coisas que se excluem e se contradizem.

O *mínimo estatal de subsistência*, de que falam certos autores, também se vê afetado pelo conceito de tributação extrafiscal, porque ordinatória. Pelo menos seu *quantum* termina sendo alterado. Pressupostos de fato e ideológicos impedem-no de ser considerado em termos fixos. Ao lado, pois, dos chamados gastos indispensáveis, as tendências econômicas, sociais e políticas, bem como as orientações administrativas e ideológicas imperantes – certamente resultantes daquelas tendências – podem aumentar ou diminuir em muito os gastos, ou, às vezes, a retenção, promovidos pelo Estado. Talvez por isso Neumark afirme que as necessidades públicas são mais um *problema* do que um *dado*.

É de perceber-se que não é a tributação extrafiscal o único fator do intervencionismo. Pode, inclusive, ser adotado em conjunto com outros instrumentos. Decorre daí que, se, em determinado aspecto a ser corrigido, há outro meio mais racional e eficiente, que seja utilizado. Na verdade, a extrafiscalidade não é um fim em si mesma, ainda quando assuma, aparentemente, tal característica.

Não desceremos a mais considerações, uma vez que o intuito, aqui, é o de deixar patenteada a importância da tributação extrafiscal como instituição de Direito Econômico, assim como estabelecer o conceito de extrafiscalidade. O primeiro desses dois objetivos já ficou devidamente explanado ao longo deste tópico. O segundo, também. Todavia não nos custa apresentá-lo com nossas palavras.

Extrafiscalidade é o instrumento tributário utilizado com o objetivo principal não de arrecadar receitas para o erário, mas de ordenar a macroeconomia, às vezes até diminuindo o montante da arrecadação. Eis por que a consideramos instituição de Direito Econômico mais do que de Direito Tributário.

6. Natureza e estrutura da norma de Direito Econômico

É por demais sabido que *Direito* e *norma jurídica* são coisas distintas, ou seja, o conceito de um não se confunde com o conceito da outra. O que é o Direito nós já vimos no começo deste trabalho. O que é norma jurídica vamos ver agora, apesar de se tratar de algo que as pessoas versadas em Teoria Geral do Direito conhecem sobejamente.

A norma jurídica não é Direito, mas contém Direito e direito, este em potência. Contém Direito porque é forma de expressão dele. E contém direito em potência dado que, se acontecer o fato nela previsto, gerar-se-á direito em favor de alguém e, consequentemente, contra alguém, entendido esse *alguém* como pessoa natural ou jurídica, de uma feita que os animais irracionais e menos ainda os seres inanimados não podem ser sujeitos de direitos. O que desejamos deixar patente é que o direito, que está em potência na norma, somente se atualiza, isto é, transforma-se em ato, torna-se direito em ato quando acontece o fato na norma previsto. O dever ser do direito assim surgido é indicativo da exigência da *prestação*, a qual, não ocorrendo, deflagrará a atuação da perinorma, ocasionadora da presença efetiva da *sanção*, que, segundo veremos logo adiante, poderá ser punitiva ou recompensatória.

O Direito Econômico, como ramo da árvore jurídica que é, expressa-se, portanto, por meio de normas – jurídicas, é óbvio. Então, impende-nos mostrar, antes do mais, que este tópico deve comportar, a título de rememoração, como é a estrutura de uma norma jurídica. Eis tal estrutura resumida, baseando-nos em Carlos Cossio:

Dado F, deve ser P, ou

Dado ñP, deve ser S;

em que

F = fato;
P = prestação;
ñP = não-prestação; e
S = sanção.

Dessa forma podemos dizer que a estrutura da norma jurídica pode ser resumida assim: dado o *fato* – temporal, é claro, porquanto, no mundo do ser humano, nada é atemporal –, deve ser a *prestação* prevista na norma, *ou* dada a *não-prestação*, deve ser a *sanção*.

Em razão disso é que Arnaldo Vasconcelos deixa evidenciado, em sua *Teoria da Norma Jurídica*, que a norma de Direito não tem como ser desprovida da disjunção – por isso, primeiro, a endonorma e, depois, a perinorma, se a prestação prevista na endonorma não for atendida.

A norma de Direito Econômico, por ser norma, e de Direito, tem a natureza de qualquer norma jurídica. Quer dizer, é uma indicação *hipotética* de conduta, para incidência em situações fáticas de bilateralidade, ou multilateralidade. É dotada também das características de disjunção e de sanção. O que a particulariza, frente às demais normas jurídicas, a ponto de não se confundir com as normas de Direito Trabalhista ou de Direito Administrativo, por exemplo, é a imprescindibilidade de que o fato ali previsto tenha caráter macroeconômico.

Não há norma jurídica sem sanção. Se a sanção não está grafada no corpo literal da respectiva norma, pode o intérprete buscá-la no conjunto do ordenamento jurídico que tal norma integra, e assim encontrará a sanção correspondente.

Tratar da sanção significa penetrar em uma área que não é exclusivamente jurídica. Aliás, é algo que o Direito partilha com a Sociologia, com a Moral e outros saberes ou formas de regulação da conduta. Entretanto, é a Sociologia talvez o ramo de estudos que mais contribuições tem trazido à matéria de que cogitamos. Isso não quer dizer que o Direito, ao abordar o problema da sanção, esteja fazendo Sociologia. Não. O que se verifica é que, ao entrar em determinado campo, o Direito, como ciência, como ordenamento ou como saber jusfilosófico, recebe o influxo de tal campo, mas não deixa de o impregnar também de matizes que são específicos do próprio Direito, adequando o aludido campo aos objetivos cognoscitivos ou normativos do jurídico. Noutras palavras, recebe traços típicos do campo penetrado, porém não se deixa dominar por ele, o qual não lhe altera a essência, o que equivaleria a ceifar-lhe a existência. O campo "invadido" deixa-se permear por qualidades que se reportam às finalidades do Direito.

Os sociólogos falam muito em modelos culturais. O poder de persuasão é adquirido pelos modelos culturais em virtude de fatores diversos, entre os quais se inserem as sanções ligadas aos modelos. Estes, ensina Guy Rocher, em *Sociologia Geral*, desenham-se em forma de normas de conduta "teóricas ou abstratas", ao que nos parece fazendo incorreta sinonímia entre norma de conduta e sanção. Abstraída, contudo, essa possível inadequação, sublinha ele que os modelos são acompanhados por sanções, a fim de que possam cumprir a difícil tarefa de persuadir ou dissuadir. Anotando que o dissuadir é uma forma de persuadir, uma vez que a dissuasão é uma persuasão para que alguém não inicie a realização, ou não complete a realização já iniciada, de uma determinada conduta, aceitamos a referência do autor comentado, no que se reporta aos modelos culturais.

A norma jurídica é um modelo cultural. Modelo porque é padrão com fundamento no qual se balizam as condutas. Cultural porque altera a natureza humana, pois sendo o ser humano racional, e consistindo a racionalidade na capacidade livre que o ser humano tem de escolher suas alternativas de conduta, o Direito altera-lhe a natureza, quando o impede de dar inteira vazão a sua liberdade de escolha, impedindo-o de seguir certas condutas. Você é livre para optar por qualquer conduta, diz o Direito ao ser humano, mas eu, Direito, indico-lhe tais ou quais condutas como inviáveis, sob pena de você ser sancionado de tal ou qual forma. É o Direito alterando a livre natureza humana. E a altera para conferir, para adicionar um sentido à vida convivencial do ser humano, permitindo-lhe viver em paz e em concórdia. Em suma, viver em sociedade, que é sua vocação inafastável e seu destino indesmentível.

Mas, voltando a Guy Rocher: "Uma sanção tanto pode ser positiva como negativa; pode ser a recompensa ou a pena, a aprovação ou desaprovação que acarreta determinado ato para a pessoa que o realiza. Em toda a coletividade, a conformidade aos modelos pode merecer diversas recompensas e a não-submissão provocar a imposição de certas penas". Exemplifica o mestre de Quebec e Montreal com vários tipos de sanção, todas elas subsumidas em quatro classes principais, segundo ele: sanções físicas, sanções econômicas, sanções sobrenaturais e sanções propriamente sociais. Todas visam, em verdade, ao controle social.

Sem manifestarmos profissão de fé na divisão quadripartite que o autor em referência acolhe, não duvidamos de que o controle social buscado pelas sanções far-se-á, como já foi dito, pela punição ou pela recompensa. Há, destarte, a sanção punitiva e a sanção recompensatória, que alguns chamam de premial.

O absenteísmo do Estado liberal, fruto da tese liberalista, também nesse aspecto da classificação das sanções influenciou a teoria jurídica. O Direito do Estado deveria deixar que as coisas fluíssem naturalmente – *le monde va de lui même* – não lhe cabendo, mesmo que fosse para promover o bem-estar social, restringir a livre iniciativa, atuar sobre o mercado, tolher ou pressionar o indivíduo. Pretendia omitir-se. Uma omissão que mais impedia do que promovia. Com a mutação do Estado *gendarme* em Estado social e, com um pouco mais de ingredientes, em Estado intervencionista, com preocupações de bem-estar social, cresceu de importância a tributação ordinatória, em cuja sustentação está, como é sabido, a norma jurídica estatal. Isso sem falarmos, aqui, da norma jurídica consuetudinária – quando a intervenção se faz por ação de grupos sociais macroeconomicamente influentes –, pois estamos cogitando, neste passo, é do Estado intervencionista.

Em decorrência disso, instalou-se a discórdia nos arraiais jurídicos, mormente porque determinados juristas teimam em tecnicizar demais alguns conceitos, expressões ou palavras, como se o Direito fosse algo perdido ou isolado em meio ao quadro geral do conhecimento. Algo autossuficiente e isento de valer-se de outros departamentos científicos, com o fito de socorrer-se de conceitos, expressões ou palavras que não pertençam a sua esfera de saber, simplesmente porque não devem pertencer, já que não são de seu âmbito.

Ainda bem que nomes respeitáveis da cultura jurídica não se furtaram a olhar no verdadeiro rumo, com olhos que desvendariam o exato caminho para a solução das divergências. Por pertencerem a tempos outros e a outras quadraturas, não nos deteremos em Homero, Platão, Aristóteles, Cícero, Ulpiano e outros, os quais, já naquelas eras, dedicaram alguma passagem a tal problema. Tampouco, iremos, pelas mesmas razões, estendermo-nos muito em relação a Maquiavel, quando ele se referia àquelas coisas que a um príncipe convém realizar, mostrando, com grifos nossos, que, "quando alguém tenha realizado qualquer coisa de extraordinário, de bem ou de mal, na vida civil, para *premiá-lo* ou *puni-lo* o príncipe deve agir de modo tal que dê margem a largos comentários".

No entanto, em tempos mais recentes e importantes para o debate acerca da questão das sanções punitiva e recompensatória, um dos trechos mais discutidos e nebulosos, umas vezes, ou mais claros, outras vezes, para quem os lê, vamos encontrar em Kelsen, na *Teoria Pura do Direito*: "As modernas ordens jurídicas também contêm, por vezes, normas através das quais são previstas recompensas para determinados serviços, como títulos e condecorações. Estas, porém, não constituem característica comum a todas as ordens sociais a que chamamos Direito nem nota distintiva da função essencial destas ordens sociais. Desempenham apenas um papel inteiramente subalterno dentro desses sistemas que funcionam como ordens de coação. De resto, as normas relativas à concessão de prêmios e condecorações estão numa conexão essencial com as normas que estatuem sanções. Com efeito, o porte de um título ou de uma condecoração, isto é, de um emblema, cujo sentido subjetivo é uma distinção, ou não é juridicamente proibido, quer dizer, não condiciona a aplicação de uma sanção e é, portanto, negativamente permitido; ou – e é este o caso normal – é jurídica e positivamente permitido, quer dizer, é proibido, condicionando a aplicação de uma sanção, quando não seja expressamente permitido, por efeito de sua concessão".

O excerto acima grafado se acasala com o pensamento kelseniano no seu todo. No entanto, quando o grande jurista afirma que as normas concessivas de títulos e condecorações estão numa conexão essencial com as normas que estatuem sanções, afigura-se-nos razoável, à primeira vista, entender que ele expunge a recompensa da sanção. A ideia, não obstante, se desvanece quase por inteiro pelo confronto com outro trecho do mesmo autor e obra, a menos que confundíssemos o que – para usar a palavra que ele utiliza – "usualmente" se diz com aquilo que conceitualmente o ser é: "A ordem social pode prescrever uma determinada conduta sem ligar à observância ou não observância deste imperativo quaisquer consequências. Também pode, porém, estatuir uma determinada conduta humana [sic] e, simultaneamente, ligar a esta conduta a concessão de uma vantagem, de um prêmio, ou ligar à conduta oposta uma desvantagem, uma pena (no sentido mais amplo da palavra). O princípio que conduz a reagir a uma determinada conduta com um prêmio ou uma pena é o princípio retributivo (*Vergeltung*). O prêmio e o castigo podem compreender-se no conceito de sanção. No entanto, usualmente, designa-se por sanção somente a pena, isto é, um mal – a privação de certos bens como a vida, a saúde, a liberdade, a honra, valores econômicos – a aplicar como consequência de uma determinada conduta, mas já não é prêmio ou a recompensa".

Muitos outros juristas têm dedicado páginas ao chamado Direito Premial – que, digamos de passagem, a nosso ver não existe, mesmo se designado Direito Recompensatório, que seria uma expressão mais adequada; o que existe, e aqui defendemos, é a sanção premial, ou melhor, recompensatória, coisa bem distinta, pois para haver um Direito Premial só por haver sanção premial, seria necessário equiparar Direito a sanção, raciocínio este por todos os títulos inaceitável.

Evitaremos, por enquanto, outras citações, uma vez que, não se tratando de um trabalho de Teoria Geral do Direito, o que nos interessa demonstrar é que a espécie *sanção recompensatória*, por nós tida como indubitavelmente existente, pode integrar-se no gênero *sanção* e, desse modo, constando da estrutura da norma jurídica, levar a que a norma intervencionista que encerre uma sanção dessa espécie não seja excrescência alguma. É uma norma jurídica como outra qualquer, ainda que a sanção constante desta seja punitiva ou recompensatória. Não importa.

Em face disso, descabe o debate existente entre os autores de Direito Econômico quando discutem se a norma que regula um plano de desenvolvimento é imperativa ou indicativa. Ora, a norma jurídica nunca é um imperativo, consoante muito bem esclarecem Carlos Cossio e Arnaldo Vasconcelos. Ela é sempre uma *indicação* de conduta, que pode ou não ser observada. Daí sua disjuntividade, a fim de que a sanção, punitiva ou recompensatória, seja aplicada ao descumpridor.

Concordemos, pois, com o que escreve Llambias de Azevedo, em seu *Eidética y Aporética del Derecho*, que as sanções, conforme consistam em males ou bens, sejam, respectivamente, penas ou recompensas. Na verdade, e é Arnaldo Vasconcelos quem no-lo diz, "ao se identificar sanção com pena, comete-se o equívoco da redução da espécie ao gênero, que vem refletir negativamente sobre a imagem do próprio Direito".

Uma vez que a recompensa e o castigo estão dentro do conceito de sanção, vejamos, agora, se há como embutir a primeira na estrutura da norma jurídica, elaborando um esquema que a comporte sem maiores inconveniências teóricas.

Deixando de lado o esquema proposto por Kelsen, que implicava o equívoco de alçar o ilícito à condição de principal via de acesso ao direito, cuidaremos de trabalhar com a reformulação sugerida por Cossio, que estabeleceu, em moldes satisfatórios, a distinção entre Direito e norma jurídica, conceituando aquele como conduta em interferência intersubjetiva e esta como o modo de pensamento apto a pensar essa conduta.

Direito é mais do que norma, porque é fato, valor e norma. É tridimensional, na construção que tem em Miguel Reale um dos seus expoentes, talvez o seu patrono, se não fosse a coincidência de Sauer, quase ao mesmo tempo, escrever trabalho que também cuida da matéria.

A norma jurídica enuncia. É significação. Juízo disjuntivo, que se biparte, em endonorma e perinorma. Assim se esquematiza, numa estrutura em que se embute também a sanção recompensatória:

Dado F, deve ser P, ou
Dado ñP, deve ser S, pn ou rc;

em que

F = fato – temporal, pois conforme já dissemos, nada é atemporal no mundo do ser humano –;
P = prestação – que é a contrapartida exigida por ter ocorrido F –;
ñP = não-prestação;
S = sanção;
pn = punitiva, que pode até deixar de aparecer no esquema, pois sanção punitiva é espécie do gênero sanção; e
rc = recompensatória, com o mesmo comentário acima, relativo a *pn*.

Ocorre que à prestação meritória não basta o Direito – positivo –, pois só se afere seu mérito pelo Direito natural, ou sob inspiração do querer social ou da quadratura moral. O Direito positivo deve, portanto, agradecer a fixação desses padrões ou modelos ao Direito natural, à Sociologia, à Filosofia axiológica ou à Moral. Não que Sociologia e Moral se confundam com Direito, ou que suas sanções sejam as mesmas. De igual modo, a Filosofia axiológica. Dissemos claramente o contrário, acima. O que asseveramos é que, ao tomarmos o Direito natural como meio de aferição do grau de acerto e correção da norma de Direito positivo, para podermos saber se a não-prestação é meritória, estamos *também* recebendo influências daquilo que a humanidade e, em consequência, a sociedade têm como assente, aquilo que a moralidade, que está dentro de cada um, aplaude e acolhe, ou que a Filosofia axiológica construiu. Depois de sabermos se a não-prestação é meritória, é que temos condição de aquilatar se a sanção é recompensatória. O Direito positivo não tem como escapar a isso, coisa que não acontece com o Direito natural que, por si, já é intrinsecamente justo.

A prestação meritória é aquela axiologicamente a maior, inclusive numa visão matemática, desde que seja tida, na norma, como recompensável, nos termos como enunciado por ela. E quando dizemos "desde que seja tida, na norma, como recompensável", estamos dando ênfase maior ao que está implícito na prestação do que àquilo que nela se acha explícito. Se a prestação, por exemplo, é racista, como ocorria com muitas das normas do nazismo, a não-prestação, isto é, a proteção concedida, às ocultas ou não, a judeus, negros e ciganos era não-prestação meritória. A sanção, por sua vez, embora *formalmente* explícita e terrível, recebia, mudamente, a *concordância da humanidade*, mesmo que aplaudida pelos adeptos do nazismo. Essa concordância da humanidade, pelo menos enquanto o nazismo prevaleceu, era a recompensa. A iniquidade da prestação era implícita. Aí, residia o mérito da não-prestação. Disso se depreende que a questão da sanção recompensatória, quer os juristas o queiram ou não, vem, valorativamente, de fora do Direito positivo para dentro da norma jurídica, ao influxo do Direito natural, da Sociologia, da Moral e da Filosofia axiológica. A prestação meritória é uma forma de "não-prestação", entendida esta como algo que é um *plus*, axiológico, e que poderá até ser um *minus* matemático, desde que, respectivamente, o *mais* seja meritório, ou o *menos* matemático seja um *mais axiológico*.

Na norma de Direito Econômico o instituto da sanção recompensatória é muito útil e assaz frequente. Nos termos do que já temos repetidamente assinalado, tem-se, no caso, uma norma jurídica como outra qualquer. E como toda norma jurídica vincula-se a fatos, é quase desnecessário anotar, agora, que os fatos presentes na estrutura da norma de Direito Econômico são sempre fatos de cunho macroeconômico. Dito isso, vejamos o esquema da norma de Direito Econômico:

Dado Fme, deve ser P, ou
Dado ñP, deve ser S, pn ou pr.

em que

Fme = fato macroeconômico;
P = prestação;
ñP = não-prestação;
S = sanção;
pn = punitiva, que pode não constar do esquema, uma vez que é espécie do gênero sanção; e
rc = recompensatória, com a mesma observação acima, relativa a *pn*.

Para concluir, lembramos que a prestação não é necessariamente de caráter macroeconômico. O que é exigido é que o fato o seja. Exemplo: há um déficit muito grande de energia elétrica num certo país. Fato macroeconômico. O Estado exige preços altíssimos pela energia consumida, com o fito de inibir o consumo. Uma família, unidade microeconômica, está atingida pela medida. Sente-se levada, para poder poupar, a consumir o mínimo possível de energia. A prestação a que deve atender é de natureza microeconômica, pois se trata de apenas uma família. A prestação é, portanto, microeconômica, porquanto mesmo diversas outras famílias, fazendo coisa idêntica, a prestação se fraciona em relação a cada uma, sendo, assim, para cada uma, prestação microeconômica. O déficit de energia existente é que tem fundo macroeconômico, pois afeta o país todo. Eis o fato macroeconômico.

REFERÊNCIAS BIBLIOGRÁFICAS

AGESTA, Luis Sánchez. *La Antítesis del Desarollo/Constitución, Desarollo, Planificación.* Madrid, Instituto de Estudos Políticos, 1976.

AGOSTINHO, Santo. *A Cidade de Deus.* Trad. de J. Dias Pereira. Lisboa, Serviço de Educação-Fundação Calouste Gulbenkian, 1991.

_____. *Confissões.* Trad. de Maria Luiza Jardim Amarante. São Paulo, Paulus, 1997.

_____. *O Livre-Arbítrio.* Trad. de Nair de Assis Oliveira. São Paulo, Paulus, 1995.

AQUINO, Santo Tomás de. *Suma Teológica.* Trad. e notas de Alexandre Correia. 2ª ed., bilíngue. 11 vols. Porto Alegre, EST-SULINA-UCS, 1980.

ARISTÓTELES. *A Política.* Trad. de Nestor Silveira Chaves. Rio de Janeiro, Tecnoprint, s. d.

AZEVEDO, Juan Llambias. *Eidética y Aporética del Derecho.* 2ª ed. Buenos Aires, Abeledo-Perrot, 1940.

BACON, Francis. *Novum Organum.* Trad. e notas de J. A. Reis de Andrade. 2ª ed. São Paulo, Abril Cultural, 1979.

BALANDIER, Georges. *As Dinâmicas Sociais/Sentido e Poder.* Trad. de O. Stock de Sousa e Hélio de Sousa. São Paulo-Rio de Janeiro, DIFEL, 1978.

BENTHAM, Jeremy. *Fragmento sobre el Gobierno.* Trad. del inglés e introd. de Julián Larios Ramos. Madrid, Aguilar, 1973.

_____. *Uma Introdução aos Princípios da Moral e da Legislação.* Trad. de Luís J. Baraúna. 2ª ed. São Paulo, Abril Cultural, 1979.

BODINO, J. *Los Seis Libros de la República.* Trad. de Pedro Bravo. Madrid, Aguilar, 1973.

BOEHNER, Philotheus e GILSON, Étienne. *História da Filosofia Cristã.* Trad. e nota introdutória de Raimundo Vier. Petrópolis, Vozes, 1970.

BONAVIDES, Paulo. *Ciência Política.* 19ª ed. São Paulo, Malheiros Editores, 2012.

_____. *Curso de Direito Constitucional*, 27ª ed. São Paulo, Malheiros Editores, 2012.

_____. *Do Estado Liberal ao Estado Social*. 10ª ed. São Paulo, Malheiros Editores, 2011.

_____. *Teoria Geral do Estado*. 9ª ed. São Paulo, Malheiros Editores, 2012.

BORGES, José Souto Maior. *Iniciação ao Direito Financeiro*. Recife, Imprensa Universitária, 1966.

BRINTON, Crane. *The Anatomy of Revolution*. New York, Prentice Hall, 1952.

CARNELUTTI, Francesco. *Metodología del Derecho*. Trad. de Ángel Osorio. 2ª ed. México, Unión Tipográfica Editorial Hispano Americana, 1962.

COMTE, Auguste. *Curso de Filosofia Positiva*. Trad. de J. Arthur Giannotti. São Paulo, Abril Cultural, 1978.

_____. *Discurso sobre o Espírito Positivo*. Trad. de J. Arthur Giannotti. São Paulo, Abril Cultural, 1978.

COSSIO, Carlos. *La Plenitud del Orden Jurídico y la Interpretación Judicial de la Ley*. Buenos Aires, Editorial Losada, 1939.

_____. *La Teoría Egológica del Derecho y el Concepto Jurídico de Libertad*. Buenos Aires, Abeledo-Perrot, 1964.

_____. *La Teoría Egológica del Derecho/Su Problema y sus Problemas*. Buenos Aires, Abeledo-Perrot, 1963.

DAHRENDORF, Ralf. *Ensaios de Teoria da Sociedade*. Trad. de Regina Lúcia M. Morel. Rio de Janeiro-São Paulo, Zahar Editores-Editora da USP, 1974.

_____. *Sociedad y Libertad*. Trad. de J. Jiménez Blanco. Madrid, Editorial Tecnos, 1971.

DESCARTES, René. *Discurso sobre o Método*. Trad. de Miguel Lemos. Rio de Janeiro, Forense, 1968.

FALCÃO, Raimundo Bezerra. *Ensaios acerca do Pensamento Jurídico*. São Paulo, Malheiros Editores, 2008.

_____. *Hermenêutica*. 2ª ed. São Paulo, Malheiros Editores, 2010.

_____. *Tributação e Mudança Social*. Rio de Janeiro, Forense, 1981.

FISHER, Irving. *A Teoria do Juro/Determinada pela Impaciência por Gastar Renda e pela Oportunidade de Investi-la*. Trad. de Wanda Nogueira Caldeira Brandt, Rosely Rodrigues e Ana Maria Busch Iversson. São Paulo, Victor Civita, 1984.

FLEINER, Thomas. *Droit et Justice*. Fribourg, Éditions Universitaires, 1978.

FRIEDMANN, Milton. *Capitalismo e Liberdade*. Trad. de Luciana Carli e Nestor Deola. São Paulo, Victor Civita, 1984.

_____. *Ensayos sobre Economía Positiva*. Trad. de R. Ortega Fernández. Madrid, Editorial Gredos, 1967.

FRIEDMANN, Wolfgang. *El Derecho en una Sociedad en Transformación.* Trad. de Florentino M. Turner. México-Buenos Aires, Fondo de Cultura Económica, 1976.

FURTADO, Celso. *Teoria e Política do Desenvolvimento Econômico.* 5ª ed. São Paulo, Companhia Editora Nacional, 1975.

GALBRAITH, John Kenneth. *A Era da Incerteza.* Trad. de F. R. Nickelsen. Brasília, UnB, 1979.

_____. *A Sociedade Afluente.* Trad. de Jaime Monteiro. 2ª ed. Rio de Janeiro, Editora Expressão e Cultura, 1974.

_____. *Moeda: de Onde Veio, para Onde Foi.* Trad. de Antônio Zoratto Sanvicente. São Paulo, Pioneira, 1977.

GERLOFF, Wilhelm e NEUMARK, Fritz (org.). *Tratado de Finanzas.* 2 vols. Buenos Aires, El Ateneo, 1961.

GOMES, Orlando e VARELA, Antunes. *Direito Econômico.* São Paulo, Saraiva, 1977.

GRAU, Eros Roberto. "Função Social da Propriedade", in *Enciclopédia Saraiva de Direito.* São Paulo, Saraiva, 1979.

_____. *Planejamento Econômico e Regra Jurídica.* São Paulo, Ed. RT, 1978.

GRIZIOTTI, Benvenuto. *Studi di Scienza delle Finanze e Diritto Finanziario.* 2 vols. Milano, Giuffrè Editore, 1956.

HAYEK, Friedrich, *La Teoría del Capital.* Trad. de Andrés Sánchez Arbos. Madrid, Aguilar, 1946.

HEGEL, G. W. F. *La Phénoménologie de l'Esprit.* Trad. de Jean Hyppolite. 2 vols. Paris, Éditions Montaigne, s. d.

HERÓDOTO. *História.* Trad. de J. Brito Broca. 2 vols. Rio de Janeiro-São Paulo-Porto Alegre, Jackson Editores, 1957.

HESÍODO. *Trabalhos e Dias/Agricultura e Economia.* Trad. de João Félix Pereira. Rio de Janeiro-São Paulo-Porto Alegre, Jackson Editores, 1958.

HOBBES, Thomas. *Leviatã.* Trad. de J. Paulo Monteiro e M. B. Nizza da Silva. 2ª ed. São Paulo, Abril Cultural, 1979.

HODGSKIN, *A Defesa do Trabalho contra as Pretensões do Capital.* Trad. de Luiz João Baraúna. São Paulo, Victor Civita, 1983.

HOMERO. *Ilíada.* Trad. de Odorico Mendes. Rio de Janeiro-São Paulo-Porto Alegre, Jackson Editores, 1975.

HUGON, Paul. *História das Doutrinas Econômicas.* 9ª ed. São Paulo, Atlas, 1967.

HUME, David. *Ensayos Políticos.* Trad. de César Armando Gómez. Madrid, Unión Editorial, 1975.

_____. *Escritos sobre Economia.* Trad. de Sara Albieri e revisão de João Paulo Monteiro. São Paulo, Victor Civita, 1983.

JACQUEMIN, Alex e SCHRANS, Guy. *O Direito Econômico*. Trad. de Manuel Campos e Alexandre de Freitas. Lisboa, Editorial Vega, s. d.

JARACH, Dino. *El Hecho Imponible*. 2ª ed. Buenos Aires, Abeledo-Perrot, 1971.

_____. *Finanzas Públicas/Esbozo de una Teoría General*. Buenos Aires, Editorial Cangallo, 1978.

JEVONS, W. Stanley. *A Teoria da Economia Política*. Trad. de Cláudia Laversveiler. São Paulo, Victor Civita, 1983.

KALECKI, Michal. *Teoria da Dinâmica Econômica*. Trad. de Paulo de Almeida. São Paulo, Abril Cultural, 1978.

KELSEN, Hans. *A Justiça e o Direito Natural*. Trad. de J. Baptista Machado. Coimbra, Arménio Amado, 1963.

_____. *Teoria Pura do Direito*. Trad. de J. Baptista Machado. 4ª ed. Coimbra, Arménio Amado, 1976.

KEYNES, John Maynard. *Inflação e Deflação*. Trad. de Rolf Kuntz. São Paulo, Abril Cultural, 1978.

_____. *Teoria do Emprego, do Juro e do Dinheiro*. Trad. de Mário R. da Cruz. São Paulo, Editor Victor Civita, 1983.

KULA, Witold. *Teoría Económica del Sistema Feudal*. Trad. de Estanislao. J. Zembrzuski. 2ª ed. Buenos Aires, Siglo XXI Argentina Editores, 1976.

LASSALE, Jean-Pierre. *Introdução à Política*. Trad. de Alice Nicolau e Antônio Pescada. 4ª ed. Lisboa, Publicações Dom Quixote, 1974.

LAUBADÉRE, André. *Droit Publique Économique*. 2ª ed. Paris, Daloz, 1976.

LEÃO XIII. *Rerum Novarum*. Trad. de Manuel Alves da Silva. 5ª ed. São Paulo, Paulinas, 1978.

LERNER, Abba. *The Economics of Control*. New York, Macmillan, 1944.

LOCKE, John. *Ensaio Acerca do Entendimento Humano*. Trad. de Noar Alex. 2ª ed. São Paulo, Abril Cultural, 1978.

_____. *Segundo Tratado sobre o Governo*. Trad. de E. Jacy Monteiro. 2ª ed. São Paulo, Abril Cultural, 1978.

LOON, Hendrik van. *História da Humanidade*. Trad. de Marina Guaspari. 9ª ed. Rio de Janeiro-Porto Alegre-São Paulo, Globo, 1957.

LUXEMBURG, Rosa. *La Acumulación del Capital*. Trad. de Raimundo Fernández. Barcelona, Grijalbo, 1978.

MAQUIAVEL, Nicolau. *Discursos sobre a Primeira Década de Tito Lívio*. Trad. de Antônio Ficcares e Leonor de Aguiar. Rio de Janeiro-São Paulo-Porto Alegre, Jackson Editores, 1957.

_____. *Escritos Políticos*. Trad. de Lívio Xavier. 2ª ed. São Paulo, Abril Cultural, 1979.

_____. *O Príncipe*. Trad. de Fernanda Pinto Rodrigues. 2ª ed. Mira-Sintra, Europa-América, 1976.
MARSHALL, Alfred. *Princípios de Economia*. Madrid, Aguilar, 1957.
MARTINS, Fran. *Curso de Direito Comercial*. 7ª ed. Rio de Janeiro, Forense, 1980.
MARX, Karl. *O Capital*. Trad. de Reginaldo Sant'Anna. 6 vols. Rio de Janeiro, Civilização Brasileira, s. d.
_____. *Sociedade e Mudanças Sociais*. Trad. de Maria Beatriz Coelho. 2ª ed. Lisboa, Edições 70, 1976.
MARX, Karl e ENGELS, F. *Obras Escogidas*. 3 vols. Moscú, Editorial Progreso, 1978.
MILL, John Stuart. *Da definição de Economia Política e do Método de Investigação Próprio a Ela*. Trad. de Pablo Ruben Mariconda. 2ª ed. São Paulo, Abril Cultural, 1979.
MILTON, John. *Paraíso Perdido*. Trad. de A. J. Lima Leitão. Rio de Janeiro-São Paulo-Porto Alegre, Jackson Editores, 1956.
MONTESQUIEU. *Do Espírito das Leis*. Trad. de F. Henrique Cardoso e L. Martins Rodrigues. 2ª ed. São Paulo, Abril Cultural, 1979.
MORE, Thomas. *A Utopia*. Trad. de Luís de Andrade. 2ª ed. São Paulo, Abril Cultural, 1979.
MOREIRA, Vital. *A Ordem Jurídica do Capitalismo*. Coimbra, Centelha, 1978.
MYRDAL, Gunnar. *Contra a Corrente/Ensaios Críticos de Economia*. Trad. de Heloísa M. Fortes de Oliveira. Rio de Janeiro, Campus, 1977.
_____. *El Elemento Político en el Desarrollo de la Teoría Económica*. Trad. de José Díaz García. Madrid, Editorial Gredos, 1967.

NEUMARK, Fritz. *Problemas Económicos y Financieros del Estado Intervencionista*. Trad. de J. M. Martín Oviedo. Madrid, Editorial de Derecho Financiero, 1963.

PALLIERE, G. Balladore. *A Doutrina do Estado*. Trad. de Fernando de Miranda. 2 vols. Coimbra, Coimbra Editora, 1969.
_____, CALAMANDREI, P., RIPERT, Georges e outros. *La Crisi del Diritto*. Padova, CEDAM, 1953.
PASCAL, Blaise. *Pensamentos*. Trad. de Sérgio Milliet. 2ª ed. São Paulo, Abril Cultural, 1979.
PEREIRA, Luiz, WALLICH, Henry C. e outros. *Subdesenvolvimento e Desenvolvimento*. Luiz Pereira (org.). 3ª ed. Rio de Janeiro, Zahar Editores, 1976.
PETITFILS, Jean-Christian. *Os Socialismos Utópicos*. Trad. de Waldemar Dutra. Rio de Janeiro, Zahar, 1978.
PETTY, William. *Obras Econômicas*. Trad. de Luiz Henrique Lopes dos Santos e Paulo de Almeida, com apresentação de Roberto Campos. São Paulo, Victor Civita, 1983.

PICAZO, L. Díez, DONGES, Juergen B. y otros. *Constitución y Economía*. Madrid, Editorial Revista de Derecho Privado-Editoriales de Derecho Reunidas, 1977.

PIGOU, Arthur Cecil. *Economics of Welfare*. London, Macmillan, 1920.

PLATÃO. *A República*. Trad. de Sampaio Marinho. Mira-Sintra, Publicações Europa-América, 1975.

_____. *Diálogos/Banquete-Fédon-Sofista-Político*. Trad. de J. Cavalcante de Souza, Jorge Paleikat e J. Cruz Costa. São Paulo, Abril Cultural, 1979.

QUESNAY, François. *Quadro Econômico dos Fisiocratas*. Trad. de João Guilherme Vargas Netto e apresentação de Roberto Campos. São Paulo, Victor Civita, 1983.

REALE, Miguel. *Filosofia do Direito*. 2 vols. 3ª ed. São Paulo, Saraiva, 1962.

_____. *Lições Preliminares de Direito*. 4ª ed. São Paulo, Saraiva, 1977.

RIBEIRO, Fávila. "A Ordem Jurídica e a Transformação Social", *Nomos/Revista dos Cursos de Mestrado*, n. 1, Ano I. Fortaleza, Imprensa Universitária da Universidade Federal do Ceará, 1978.

RICARDO, David. *Princípios de Economia Política e de Tributação*. Trad. de Maria Adelaide Ferreira. Lisboa, Fundação Calouste Gulbenkian, 1975.

ROBINSON, Joan. *Ensaios sobre a Teoria do Crescimento Econômico I, II, III*. Trad. de Paulo de Almeida. São Paulo, Abril Cultural, 1980.

_____. *Liberdade e Necessidade*. Trad. de C. Monteiro Oiticica. Rio de Janeiro, Zahar, 1971.

ROCHER, Guy. *Sociologia Geral*. Trad. de Ana Ravara. 5 vols. Lisboa, Editorial Presença, 1977.

ROUSSEAU, Jean-Jacques. *Confissões*. Trad. de J. Brito Broca e Wilson Lousada. Rio de Janeiro-São Paulo-Porto Alegre, Jackson Editores, 1956.

_____. *Discurso sobre a Origem e Fundamentos da Desigualdade entre os Homens*. Trad. de L. Santos Machado. 2ª ed. São Paulo, Abril Cultural, 1978.

_____. *Do Contrato Social*. Trad. de L. Santos Machado. 2ª ed. São Paulo, Abril Cultural, 1978.

ROSTOVTZEFF, M. *Historia Social y Económica del Mundo Helenístico*. Trad. de F. J. Presedo Velo. 2. vols. Madrid, Espasa-Calpe, 1967.

SAVIGNY, F. Carl. von. *De la Vocación de Nuestro Siglo para la Legislación y la Ciencia del Derecho*. Trad. e estudo preliminar de Enrique de Gandía. Buenos Aires, Editorial Atalaya, 1946.

SAY, Jean-Baptiste. *Tratado de Economia Política*. Trad. de Balthazar Barbosa Filho e Rita Valente Correia Guedes. São Paulo, Victor Civita, 1983.

SCHILLING, Kurt. *História das Ideias Sociais/Indivíduo, Comunidade, Sociedade*. Trad. de Fausto Guimarães. Rio de Janeiro, Zahar, 1974.

SCHUMPETER, Joseph A. *Teoría del Desenvolvimiento Económico*. Trad. de J. Prados Arrarte. 4ª ed. México-Buenos Aires, Fondo de Cultura Económica, 1967.

SICHES, Luis Recásens. *Nueva Filosofía de la Interpretación del Derecho*. 2ª ed. México, Editorial Porrúa, 1973.

_____. *Tratado General de Filosofía del Derecho*. 5ª ed. México, Editorial Porrúa, 1975.

_____. *Tratado de Sociologia*. Trad. de J. Baptista C. Aguiar. 2 vols. Rio de Janeiro-São Paulo-Porto Alegre, Editora Globo, 1965.

SMITH, Adam. *Investigação sobre a Natureza e as Causas da Riqueza das Nações*. Trad. de Carmo Cary e E. Lúcio Nogueira. 2ª ed. São Paulo, Abril Cultural, 1979.

SPENGLER, Oswald. *A Decadência do Ocidente*. Trad. de Herbert Caro. 2ª ed. Rio de Janeiro, Zahar Editores, 1973.

SRAFFA, Piero. *Produção de Mercadorias por Meio de Mercadorias/Prelúdio a uma Crítica da Teoria Econômica*. Trad. de E. Machado de Oliveira. São Paulo, Abril Cultural, 1980.

STUCKA, Pëtr Ivanovic. *La Funzione Rivoluzianaria del Diritto e dello Stato e Altri Scritti*. Trad. de Umberto Cerroni. 2ª ed. Torino, Einaudi Editore, 1967.

TÁCITO. *Anais*. Trad. de J. L. Freire de Carvalho. Rio de Janeiro-São Paulo-Porto Alegre, Jackson Editores, 1957.

VASCONCELOS, Arnaldo. *Teoria da Norma Jurídica*. 6ª ed. São Paulo, Malheiros Editores, 2006.

_____. *Teoria Pura do Direito: Repasse Crítico de seus Principais Fundamentos*. 2ª ed. Rio de Janeiro, GZ Editora, 2010.

VECCHIO, Giorgio del. *Lições de Filosofia do Direito*. Trad. de António José Brandão. Coimbra, Arménio Amado Editor, 1972.

_____. *Teoria do Estado*. Trad. de Antônio Pinto de Carvalho. São Paulo, Saraiva, 1957.

VICO, Giambattista. *Princípios de uma Ciência Nova*. Tradução de A. L. de Almeida Prado. 2ª ed. São Paulo, Abril Cultural, 1979.

VIDIGAL, Geraldo Camargo. *Fundamentos do Direito Financeiro*. São Paulo, Ed. RT, 1973.

_____. *Teoria Geral do Direito Econômico*. São Paulo, Ed. RT, 1977.

VOLTAIRE. *Dicionário Filosófico*. Trad. de J. Brito Broca. Rio de Janeiro-São Paulo-Porto Alegre, Jackson Editores, 1958.

WALRAS, Auguste. *De la Nature de la Richesse et de l'Origine de la Valeur*, com notas de Jean-Baptiste Say. Paris, Félix Alcan, 1938.

WEBER, Max. *Economía y Sociedad*. Trad. de Medina Echavarría y otros. 2 vols. México, Fondo de Cultura Económica, 1977.

WELLS, H. G. *História Universal.* Trad. de Anísio Teixeira. 10 vols. 5ª ed. São Paulo, Editora Nacional, 1959.

XENOFONTE. *Ciropedia.* Trad. de João Pereira. Rio de Janeiro-São Paulo-Porto Alegre, Jackson Editores, 1956.

* * *